JN437528

죤 오웬

JOHN OWEN
(1616 - 1683)

Andrew Thomson

청교도의 황태자

죤 오웬

"나는 폭풍이 몰아치는 바다 한가운데 교회라
는 배를 남겨 두고 떠납니다. 그러나 위대하
신 선장이 그 배에 계신다면, 배 밑창에서
노를 젓는 가련한 사람 하나가 없어
진들 무슨 문제가 되겠습니까!"

차 례

추천의 글

영적 현실과 뜨겁게 씨름했던 지성의 신학자, 죤 오웬

박순용 목사

개혁주의 3대 신학자 중 한 사람

제임스 패커(James I. Packer) 박사는 모든 시대를 망라하여 개혁주의의 3대 신학자로서 죤 칼빈(John Calvin)과 죤 오웬(John Owen), 그리고 죠나단 에드워즈(Jonathan Edwards)를 꼽습니다. 물론 이 세 사람은 대 신학자일 뿐만 아니라 신실한 목회자이기도 하였습니다. 그런데도 사람들이 그들을 최고의 신학자로 먼저 말하는 것은 그들의 신학적인 기여가 너무 컸기 때문인 듯합니다.

특히 그들 모두가 '메마른 신학'을 주장하지 않았다는 면에서 주목할 만합니다. 이는 그들이 신실한 목회자이자 성경에 충실한 강해자로, 경건한 신자로서 그들이 직면한 영적 현실을 위해서 씨름하며 신학적인 작업을 했기 때문입니다. 따라서 이들은 단순히 유명세를 가진 신학자들이 아니고, 오고 오는 세대에 계속 영향력을 끼칠 정도로 생기 있는 신학과 신앙을 남긴 자들입니다.

만일 그들이 왜 그러한지를 알고 싶다면 그들의 전기를 읽으면 어느 정도 알게 될 것입니다. 그러나 안타깝게도 그 세 사람 중에서도 칼빈과 에드워즈의 전기는 우리말로 소개되어 있는데 반해, 오웬의 전기는 지금까지 나온 것이 없었습니다. 그런데 마침내 그의 전기가 우리말로 번역되어 소개되기에 이르렀으니 참으로 귀한 일이 아닐 수 없습니다.

톰슨 박사의 전기 서술의 특징

전기적인 글들은 주인공의 모든 것을 '생생하게' 묘사한다는 면에서 일반적으로 적지 않은 감동을 담고 있습니다. 그래서 많은 사람들이 어떤 사람의 전기를 읽을 때 그런 부분을 기대합니다. 그러나 전기의 가장 중요한 요소는 감동을 자아내려는 작가의 인위적인 노력이나 관점이 아니고 남들이 가지지 못한 많은 자료들을 사용해서 독자로 하여금 그 인물을 충분히 알 수 있도록 그의 모습과 발자취를 보다 객관적으로 기술하는 것입니다.

전기 작가가 나름대로 보고 느낀 것을 말하고 평가하는 것은 그 다음의 문제입니다. 그런 면에서 이 전기는 죤 오웬을 충실하게 묘사하고 있으며 객관적으로 볼 수 있도록 잘 기술되었다고 할 수 있습니다. 그야말로 이 전기는 독자로 하여금 오웬의 전 삶과 그의 삶 속에 있었던 위대한 사역들을 객관적으로 보고 알 수 있도록 돕는 좋은 자료라고 할 수 있습니다.

이 전기의 특징은 오웬의 삶을 단순하게 묘사하지 않고, 오웬이 교회와 나라의 상황에 직면하여 그 상황이 요구하는 필요를 따라 끝없이 남긴 글을 통해 그의 집필인생을 잘 그리고 있다는 점입니다. 그야말로 이 전기는 오웬의 삶을 그리면서도 동시에 그의 저작의 삶을 잘 그려 주고 있습니다. 그래서 톰슨 박사의 전기 서술 과정을 따라서 읽노라면 우리는 오웬의 대표적인 많은 책들이 어떤 배경에서 나왔는지를 알게 됩니다. 그리고 그것은 죤 오웬의 사상과 삶을 알게 하는 중요한 가이드라인이기도 하면서 그의 책들에 대한 앞선 이해를 갖도록 한다는 면에서 유익이 큽니다.

또한 이 전기를 통해서 독자들은 죤 오웬의 모든 글들이 이 세상을 등지고 혼자 묵상하여 쓴 수도원적인 글이 아니라 그 시대의 숱한 폭풍에 맞서서 고민하며 열심히 사는 가운데서 온 마음을 쏟아서 쓴 글들이었다는 것을 알게 될 것입니다. 바로 그 사실 때문에 그의 글들은 지금까지도 가치 있는 것으로 여겨지고 수많은 사람들에게 영향력을 행사하고 있습니다.

청교도의 황태자, 죤 오웬을 읽으십시오!

저는 독자들이 이 전기를 읽음으로써, 그것이 죤 오웬의 저작 세계를, 즉 영혼의 광맥과도 같은 그의 귀한 저작들을 탐구하는 계기가 되기를 바랍니다. 결코 후회하지 않을 것입니다. 특히 사람들이 왜 죤 오웬을 가리켜 '청교도의 황태자(The Prince of the Puritans)' 라고 불렀는지를 독자들은 금방 알게 될 것입니다. 이 전기만으로 충분히 그 뜻을 알 수 있을 것입니다. 그리고 그의 저작들을 대할 때 독자들은 경건한 삶을 배경으로 한 그의 연구의 깊이와 넓이에 크게 놀라게 될 것입니다. 그는 분명 깊이의 대가라고 할 만하였습니다. 즉, 말씀 연구와 묵상의 깊이에서 그러했습니다. 그러나 비단 깊이 면에서만이 아니라, 그는 연구와 묵상과 그에 따른 사상의 넓이 면에서도 가히 기념비적인 사람이라고 할 만하였습니다.

그런데 더욱 놀라운 사실은 그의 그런 깊이 있고 넓은 연구와 그에 따른 사상이, 메마른 것이 아니라 기도와 꾸준한 묵상과 영적인 씨름과 경건한 삶 속에서 나왔다는 것입니다. 그래서 톰슨 박사는 본 전기에서 다음과 같이 말했습니다. "하나님의 책을 폈을 때, 그는 동시에 자신의 마음의 책과 그 자신의 인생의 책을 함께 폈습니다." 진실로 그의 글들은 그것을 여실히 느끼게 해 줍니다. 그 때문에 죤 오웬을 아는 것은 영혼에 큰 유익을 줍니다. 심지어 행복감까지 느끼게 합니다. 왜냐하면 하나님께서 우리에 앞서서 이런 귀한 종을 허락하시어 우리가 보지 못한 진리의 깊이와 넓이를 보게 해 주시기 때문입니다.

저는 조국 교회의 많은 성도들이, 특히 죤 오웬과 같은 길을 가고 있는 많은 사역자들이 먼저 이 전기를 읽었으면 합니다. 그리고 한걸음 더 나아가서 그의 저작들까지 읽기를 바랍니다. 그것은 이 시대에서 쉽게 찾을 수 없는 새로운 맛을 느끼게 할 것입니다. 그 첫걸음을 이 전기를 읽음으로 시작하십시오!

박순용(朴淳用) 목사는 총신대 신학과를 거쳐 동대학 신학대학원을 졸업한 후, 영국 Free Church College of Edinburgh와 The Evangelical Theological College of Wales에서 영국의 18세기 부흥과 청교도를 연구했습니다. 그 후 호주 퍼스(Perth) 한인 장로교회에서 담임목회를 하다가 귀국하여 현재 서울 성동구 행당동 소재 하늘영광교회를 담임하고 있습니다.

연혁 및 주요 인물 소개

(1616 – 1683)

Richard Baxter, 1615-1691

Oliver Cromwell, 1599-1658

John Goodwin, 1594-1665

Thomas Goodwin, 1600-1680

John Howe, 1630-1705

William Laud, 1573-1645

Brian Walton, 1600-1661

연혁

1616 영국 옥스퍼드셔의 스타드햄에서 출생.

1628 옥스퍼드의 퀸스 대학(Queen' s College)에 입학. 1632년에 학사 학위를 받고, 1635년에 석사 학위를 받음.

1633 윌리엄 라우드(William Laud)가 켄터베리의 대주교가 됨.

1637 옥스퍼드를 떠나 로버트 도너(Robert Dorner) 경 가족의 사목(私牧)이 됨.

1642 첫 출판, 『알미니안주의의 진상』(*A Display of Arminianism*).

1643 에식스의 포드햄에서 사역. 메리 룩크(Mary Rooke)와 결혼(훗날 사별). 웨스트민스터 회합 소집.

1646 의회 앞에서 처음으로 설교함. 코게쉘로 옮겨 회중 교회[1] 양식으로 교회를 모음.

1649 찰스(Charles) 1세 처형. 올리버 크롬웰(Oliver Cromwell)의 국목(國牧)이 됨.

1651 옥스퍼드 크라이스트처치 대학의 학장으로 임명됨. 옥스퍼드 대학

1. 역자주 – 회중 교회(Congregational Church)는 1560년 엘리자베스 여왕 치하의 영국에서 '신앙의 자유, 성경의 자유' 를 외치던 종교개혁의 부진함에 대하여 항거하는 일단의 청교도들에 의해 시작되었습니다. 이들은 신앙과 예배 의식, 그리고 모든 교회의 체제에 이르기까지 철저한 개혁을 주장하다가 영국 국교회로부터 극심한 박해를 받게 되자, 1620년 메이플라워(Mayflower) 호를 타고 성경과 양심에 기초한 신앙과 예배의 자유를 찾아 미국 대륙으로 이주하게 됩니다.

교의 부총장직을 맡음.

1652 올리버 크롬웰이 호민관이 됨. 오웬은 옥스퍼드를 대표하여 의원회 의원이 됨.

1653 신학 박사가 됨.

1657 옥스퍼드 대학교의 부총장을 그만둠.

1658 올리버 크롬웰의 사망. 신앙과 체제에 관한 사보이 선언(Savoy Declaration)[2].

1660 찰스 2세의 복위. 오웬이 옥스퍼드의 크라이스트처치 대학에서 배척당함.

1661 예배 통일법(Act of Uniformity)[3]이 영국 국교회에서 비국교도들을 제외시킴. 12인의 영국 국교회 주교들과 12인의 청교도 성직자들 간에 사보이 회의가 열림.

1673 런던의 독립 교회 목사가 됨.

1677 미쉘 드오일리(Michel D'Oyley)와 재혼.

1683 8월 24일, 얼링에서 사망.

---

2. 역자주 – 영국 런던의 사보이 궁전 부속 예배당에서 개최되었습니다. 그곳에서 120개 교회의 대표들이 선언문을 발표하였는데, 이에는 온건파 회중 교회의 교회 규칙과 근본이념을 포함하고 있습니다. 모두 3부로 구분되며 이 중 서문은 회중 교회에 대한 관대한 정책을 호소하고 있습니다. 신앙고백은 웨스트민스터 신앙고백의 칼빈주의 일부분을 수정해서 선언문에 담았고 교회 제도는 개신교에 권한을 부여하는 것을 주요 내용으로 삼고 있습니다.

3. 역자주 – 영국 국교회의 기도, 예배, 성찬의 집행 등 각종 전례 절차를 통일한 법률입니다.

주요 인물

이 전기에 빈번히 언급되는 인물들을 단편적으로 소개하는 것은 독자들에게 도움이 될 것입니다.

리챠드 백스터(Richard Baxter, 1615-1691)는 스롭셔의 로우톤에서 태어났습니다. 그는 1641년부터 1660년까지 키더민스터의 교구에서 사역을 했습니다. 처음에는 의회 의원들을 지지했으나 후에는 크롬웰의 몇몇 정책에 동의하지 않게 됩니다. 1661년, 그는 사보이 회의에서 선도적인 역할을 담당했습니다. 1662년의 예배 통일법으로 인해 그는 성직자로서의 신분을 박탈당하고, 설교한 죄로 1685년과 1686년에 투옥됩니다. 그의 가장 잘 알려진 저서로는 『개혁된 목회자』(*The Reformed Pastor*, 1656)와 『성도들의 영원한 안식』(*The Saints Everlasting Rest*, 1650)이 있습니다.

올리버 크롬웰(Oliver Cromwell, 1599-1658)은 헌팅턴에서 태어났고 1628년, 의회의 하원 의원으로 선출되었습니다. 그는 신실한 기독교 신앙을 가졌으며 군대와 정치사를 인도함에 있어서도 하나님의 섭리를 굳건하게 믿는 신자였습니다. 그는 '불가피한 잔혹함' 으로 불렸던 찰스 1세의 처형 승인으로 인해 비난을 받게 됩니다. 그리고 1653년에 호민관[4]이 됩니다. 그는 종

4. 역자주 – 고대 로마에서 평민의 권익을 지키기 위하여 기원전 493년경에 비롯된 관직으로, 의회

교적 자유의 옹호자였습니다.

존 굿윈(John Goodwin, 1594-1665)은 얼마 없는 알미니안(Arminian) 청교도들 중의 한 사람이었습니다. 그는 내전(Civil War)[5]때 의회를 강력히 지지했으며 공화주의 사상을 주장했던 것으로 잘 알려져 있습니다. 웨스트민스터 회합의 일원으로 초대되었지만 참가하지 않았습니다. 그는 런던 교회의 감독보였습니다.

토마스 굿윈(Thomas Goodwin, 1600-1680)은 노폭에서 태어났습니다. 그는 캠브리지의 홀리트리니티 교회의 감독보가 되었습니다. 그러나 그는 회중 교회적인 관점을 발전시켰고, 1634년에 사임하고 런던으로 옮겨 갔습니다. 그는 박해 때문에 1639년 네덜란드로 옮겨 갔고 그곳에서 한동안 안헤임(Arnheim) 교회의 목사로 사역했습니다. 런던으로 돌아온 후 웨스트민스터 회합의 일원에서 독립 교회 대표의원의 지도자가 되었습니다. 1650년에 옥스퍼드의 막달린 대학(Magdalene College)의 학장이 되었습니다. 그는 존 오웬과 함께 1658년 사보이 회합을 선도적으로 이끈 지도자였습니다. 찰스 2세의 복위 후 굿윈은 런던에 있는 한 교회의 목사가 됩니다. 그의 저서들에서는 칼빈주의가 강하게 드러납니다.

존 하웨(John Howe, 1630-1705)는 레체스터 근처의 럭버러에서 태어났습니다. 1654년 데번에서 토링턴의 종신 목사직을 받았는데 그는 그곳에 있

의 의결에 거부권을 행사하고 평민회를 소집하는 등 권한이 막강하였습니다.

5. 역자주 - 찰스 1세와 의회와의 분쟁(1642-1649)입니다.

는 장로교도들과 독립교도들을 연합하려고 애썼고, 1657년 올리버 크롬웰의 국목(國牧)이 된 후에도 계속해서 그리스도인들 사이에 있는 분열을 치유하려고 시도했습니다. 그러나 그는 1662년에 그의 교회에서 쫓겨났습니다. 그리고 1670년에 그는 아일랜드에 있는 앤트림 성의 마사린(Massareene) 영주의 담당 목사가 되었습니다. 그는 장로교 회중의 협동 목사가 되기 위해 1676년에 런던으로 돌아왔습니다. 1686년에 선포된 관용령(Act of Toleration)[6] 후에 그는 계속해서 장로교도들과 독립교도들을 연합시키고자 애썼습니다.

윌리엄 라우드(William Laud, 1573-1645)는 1633년부터 켄터베리의 대주교로 봉직하였습니다. 대주교로서 그는 로마 가톨릭의 전례들을 다시 세우려고 체계화했습니다. 그는 청교도 목회자들을 강하게 핍박했고 그들의 영향력을 파괴하고자 전력하였습니다. 1641년, 의회는 그를 감옥에 가두고 1645년 대역죄로 처형했습니다.

브라이언 월튼(Brian Walton, 1600-1661)은 여러 개의 교회 직임을 가지고 있었습니다. 그러나 특별히 십일조를 거두어들이는 방식과 같은 그의 몇몇 관행의 평판이 좋지 않았기 때문에 의회는 그의 대부분의 지위를 박탈했습니다. 1657년에 그는 아홉 개의 언어로 성경 전체를 담고 있는 『영어 대역성경』(*English Polyglot Bible,* 전6권)을 출간했습니다. 찰스 2세의 복위 후, 그는 체스터의 주교가 되었습니다.

---

6. 역자주 - 명예 혁명의 결과로써 영국에서 비국교도인 개신교도들에게 어느 정도 신앙의 자유를 인정해 주는 법령입니다.

다 담아낼 수 없는 보배, 존 오웬

앤드류 톰슨
(Andrew Thomson)

이 위대한 청교도를 정교하게 기록한 전기문이 당대에 한 번도 저술된 적이 없었다는 사실은 참으로 유감스러운 일이 아닐 수 없습니다. 코튼 매더(Cotton Mather)[1]는 오웬이 죽은 지 20년이 지난 후에, 그의 저서인 『미국에서의 그리스도의 위업』(*Magnalia Americana Christi*)에서 '존 오웬의 생애가 저술되지 않음으로 하나님의 교회가 해를 입었다' 며 그 안타까움을 표현하고 있습니다.

오웬의 생애가 런던의 존경스러운 독립 교회 애스티(Asty) 목사에 의해 집필되었을 때는 이로부터 20년이나 더 경과한 뒤였습니다. 오웬의 각별한 친구이자 오랜 세월 그의 교회의 성도였던 존 하톱(John Hartopp) 경의 관점

1. 역자주 – 1683년부터 1728년까지 뉴잉글랜드의 보스톤 제2교회의 목사로 섬겼습니다. 신학뿐만 아니라 역사와 과학, 그리고 의학에도 조예가 깊었으며, 400권 이상의 저서를 남겼습니다.

으로 쓰였음에도 불구하고, 그는 수많은 오류로 오웬을 변형시켜 놓았습니다. 또한 그에 대한 내용이 너무나 불충분했기에 오웬의 다른 전기 작가인 윌리엄 옴(William Orme)은 이 책을 가리켜 '오웬이 썼던 그 많은 책들도 다 담지도 못하고 있다' 라고 말할 정도였습니다. 이렇듯 이 책에 대해 '오웬의 위대한 진가를 알맞은 사상으로 표현하기에 그 연수와 경험이 충분하지 않다고 고백해야 함에도 불구하고, 이 위대한 학자를 잘 알고 그의 설교를 자주 듣는 영예를 누린 사람' 이 썼다고 주장하는 작자 불명의 전기문도 있습니다.

가장 안타까운 사실은 오웬에 관한 방대한 기록과 초기 회고담을 탐구하기 원하는 학생에게 에드먼드 칼라미(Edmund Calamy) 박사가 존 하웨에 관해 우리에게 전해 주고 있는 것만큼이나 충만하고 정확한 회고록을 찾으려는 것이 헛수고일 뿐이라는 것입니다. 또한 리챠드 백스터가 자기 자신에 관해 직접 이야기하고 있는 것만큼이나 다함이 없는 사건의 저장고와 충분한 인물 묘사 등을 찾는 것 역시 무리한 것입니다.

현대 전기 작가가 오웬에 관한 주된 요점을 끌어와야 하는 근원은, 앞에서 언급했던 이름들 외에도, 이 위대한 이름 앞에 잠잠할 수 없었거나 찬사를 억누를 수 없었던 적수들의 대표들, 그리고 오웬과 동시대를 살았던 사람들의 삶 안에 드물지 않게 나오는 오웬에 관한 간접적인 암시들일 것입니다. 그리고 닐(Neal), 칼라미, 미들턴(Middleton), 팔머(Palmer) 등 다른 사람들의 책에서 발견할 수 있는 일반적인 역사와 일대기에서도 그 근원을 찾을 수 있습니다. 그러나 이 모든 것 중에서도 가장 가치 있고 흥미로운 근원은 그가 자신의 다양한 작품들의 서문에 무의식적으로 언급해 놓은 많은 자전적인 필치들입니다.

옴 씨가 쓴 오웬의 전기 안에 이 모든 것들이 탁월하게 사용되었습니다. 그에게는 지칠 줄 모르는 연구와, 견고한 판단으로 그가 가진 자료들을 잘 활용할 수 있는 능력이 있었습니다. 그리고 그의 글은 정직한 편견도 어느 정도 허용함으로써 충실한 전기문의 표본이 되었습니다. 우리는 이 모든 것들과 더불어 특별히 옴 씨로부터 우리가 전개할 전기문의 윤곽에 관한 구체적인 내용과 함께 오웬에 대한 평가를 수집하게 될 것입니다.

제1장

교육을 받던 시기

His Years of Education

우리가 전기문을 쓰고자 하는 주인공의 계보는 웨일즈(Wales)의 높은 신분과 명망 있는 집안으로 우리를 이끌어 갑니다. 그의 더 먼 인척들은 이 집안을 다섯 개의 왕족과 연결해 줍니다. 우리는 헨리 8세(Henry Ⅷ), 에드워드 6세(Edward Ⅵ)와 메리(Mary) 여왕이 통치하던 시대에 북웨일즈에서 부시종장과 재무부 남작이자 메리오네스 지방의 최고 사법 장관이었던 루이스 오웬(Lewis Owen)이라는 이름을 만나게 됩니다.

이 사람은 적어도 두 가지 면에서 영예가 있었습니다. 웨일즈의 사무를 처리함에 있어 군주들과 대등한 위치였다는 면에서 그렇고, 요크(York)와 랭카스터(Lancaster) 가문(家門) 사이의 오랜 전쟁으로 사회적 혼란이 야기되고 권력이 해이해진 동안, 산 속으로 피난처를 찾아다녔던 수많은 중죄인들과 무법자들을 소탕하라는 위임을 수행했다는 면에서 그렇습니다.

두 번째 사명을 수행하는 동안 이 영예로운 조상은 행정관으로서의 충절 때문에 희생을 당했습니다. 그는 몽고메리셔에서 있었던 순회 재판에서 돌아오는 길에 자신들의 동료들을 잡아넣었다는 이유로 그에 대한 복수를 맹약한 일단의 무법자들의 손에 넘겨졌습니다. 그리고 한 명의 신실한 친구를 제외한 모든 이들로부터 버림을 받고 몬트레이 숲에서 그들에 의해 죽임을 당했습니다.

같은 집안 계열에 있는 험프리 오웬(Humphry Owen)은 루이스 오웬의 딸인 수잔(Susan)과 결혼을 했습니다. 이들에게서 후손으로 태어난 15명의 아들들 중 막내아들이 헨리 오웬(Henry Owen)이었습니다. 헨리의 부모는 그를 교회 사역에 바쳤습니다. 옥스퍼드에서 언어와 철학, 신학 교육을 받았고 이 기간 동안 그는 옥스퍼드셔에서 스타드햄의 대리 목사가 되었습니다. 이곳에서 그는 당대의 지배적인 교회 권력을 불쾌히 여김으로써 자신의 충절을 증명했고, '청교도' 라는 이름으로 낙인찍혔습니다. 이를 통해 그는 '주님의 포도밭에서 매우 수고하는 일꾼' 이요, 타협할 줄 모르는 교회 개혁의 지지자임을 발로(發露)했습니다.

이 훌륭한 대리 목사에게서 이 전기문의 주인공이자, 가문에 새로운 명성을 더할 둘째 아들, 죤 오웬이 1616년에 스타드햄에서 태어납니다. 그는 덕성과 학식, 그리고 천재성의 더 본질적인 영광으로 희미한 왕족의 광휘를 능가할 운명을 타고난 사람이었습니다. 오웬의 어린 시절은 거의 알려진 바가 없습니다. 또한 그의 어머니는 가장 영향 받기 쉬운 시기에 그를 훈육하는 데 헌신했고 장래의 어거스틴에게 있어서의 모니카와 같은 사람이었습니다. 그러나 그녀에 관해서도 어떤 형태의 기록도 전혀 남아 있지 않습니다.

† 교육

오웬은 스타드햄에 있는 자택에서 훌륭한 대리 목사로부터 직접 기본적인 일반 교육을 받았습니다. 몇 년 동안 가정교육을 받은 후에 오웬은 옥스퍼드의 사립학교로 전학을 갔습니다. 그리고 그곳에서 저명한 지도 교수, 에드워드 실베스터(Edward Sylvester)의 감독 아래에서 고전 공부에 입문하게 됩니다. 그의 제자들 중에는 최고의 명예를 얻은 자뿐만 아니라 머지않은 장래에 불후의 명성을 떨치기도 한 이들이 여럿 있었습니다.

날짜들을 비교해 볼 때, 다음의 두 사람이 소꿉친구였던 것 같지는 않습니다. 그러나 앞으로 위대한 청교도 신학자가 될 한 사람이 공부하고 있는 이 고요한 학교에서 불멸의 칠링월스(Chillingworth)- 그의 위대한 작품으로 『개신교도들의 신앙』(*The Religion of Protestants*)이 있습니다 -역시 헬라어와 라틴어를 공부하기 시작했다는 사실을 주목하는 것은 흥미롭습니다. 이것은 비단 이 대학뿐 아니라 그 시대의 영예라 해도 전혀 지나친 말이 아닐 것입니다.

다음의 한 가지 사실은 이 젊은 학도가 어떠한 에너지로 초반에 그의 능력을 탁월하게 계발하여 공부에 전념했는지를 충분히 보여 주고 있습니다. 12세의 오웬은 더 이상 실베스터의 가르침이 필요치 않을 정도로 그 능력이 부쩍 자라나서 대학에 들어갈 만큼 무르익게 됩니다. 따라서 그는 대부분의 학생들의 경우 가장 분별없고 미성숙할 나이에 퀸스 대학(Queen' s College)에 입학했습니다.

심지어 이상하게 여겨질 정도로 이 시기는 너무 이른 것처럼 보입니다. 그와 동시대를 살았던 가장 훌륭한 몇몇 사람들의 생애를 들여다볼 때에도 우리는 이처럼 조숙한 천재의 경우를 전혀 찾아볼 수 없기 때문입니다. 한 예로, 홀(Hall) 주교는 15세에 캠브리지에 입학했습니다. 또한 그와 동시대를 살았던 위대한 청교도 존 하웨(John Howe)도 17세의 무르익은 나이가 되기까지 옥스퍼드에 입학하지 못했습니다. 이처럼 아주 출중했던 사람들 가운데서도 오웬의 나이에 대학에 들어간 사람은 거의 찾아볼 수 없습니다.

오웬은 운 좋게도 견고한 학식과 그에 따른 고매한 명성을 지닌 지도 교수– 당시 퀸스 대학의 명예 교수였다가 후에 학장이 되었으며, 때가 이르자 마침내 링컨(Lincoln)의 감독으로 봉직한 토마스 발로우(Thomas Barlow)–의 지도 아래 수학과 철학을 공부할 수 있었습니다.

이 어린 학생은 정신을 뒤흔들고, 강철 체력이 아닌 대다수 사람들의 그 어떤 육체의 조직이라도 산산이 부숴 버릴 정도로 강렬하게 배움의 다양한 분야에 몰입했습니다. 그가 대학 교과 과정을 이수해야 했던 여러 해 동안 그는 자신에게 단지 네 시간의 취침시간만 허용했을 뿐입니다. 그러나 그는 가장 힘들고, 심지어 격렬하기까지 한, 몇 가지 형태의 신체 운동으로 늘 앉아 있는 생활 습관과 과도한 정신 노동이 주는 해악을 무마하는 지혜까지 가지고 있었습니다.

종종 뜀박질, 막대 던지기, 종 울리기, 혹은 그와 유사한 즐거움들이 그를 책으로부터 꾀어냈습니다. 오웬은 유명한 플루트 연주자이자 찰스 1세가 가장 좋아하는 개인 교사이기도 했던 토마스 윌슨(Thomas Wilson) 박사로부터 우아하고 유쾌한 예술적 기법의 음악 수업을 받았습니다. 이러한 사실은 이 또래의 아이들이 비사교적이며, 이보다 더 고상한 모든 교양이나 예술에 별 관심이 없을 것으로 생각했던 사람들을 놀라게 할 것입니다. 훗날 오웬이 옥스퍼드 대학교의 부총장으로 임명되었을 때, 그는 이 어린 시절의 개인 교사를 옥스퍼드 대학교의 교수로 지명했습니다. 이것은 아마도 오랜 시간의 고된 공부로부터 그의 마음을 쉬게 해 주곤 했던 이 청년 때의 매혹적인 교습을 감사한 마음으로 회상했기 때문이었을 것입니다.

꼭 취했어야 할 휴식으로부터 갈취해 온 시간들은 여전히 만회되지 않았습니다. 하지만 그 시간들은 차용된 것으로써 장차 두 배로 갚아질 것임에 틀림없었습니다. 오웬은 그의 강철 같던 체력이 젊은 날 쏟아 부었던 열정에 대한 응보로써 그 대가를 지불하도록 요구하는 것을 느끼기 시작했습니다. 이때 그는, 만약 이 모든 학식을 얻기 위해 잃어버린 건강을 다시 회복할 수만 있다면, 건강을 잃으면서 축척한 모든 학식을 기꺼이 내버릴 것이라고 분명하게 말하곤 했습니다.

그는 부끄러움이 섞여 있는 아주 깊은 슬픔의 어조로 이때 그의 한밤중의 등불을 밝혀 준 것은 절대 거룩한 기름이 아니었다고 습관처럼 고백하곤 했습니다. 그러고는 사력을 다해 자신을 불태우게 했고 그 모든 시절 동안 그를 사로잡고 있던 커다란 동기는 교회 내에서 명예와 권력의 자리에까지 오르고자 하는 야망이었다고 고백했습니다.

이와 같은 자기 정죄의 혹독함은 그 자신보다 더 온유하신 재판관께서 그의 마음에 상당한 영향을 주었음에 틀림없는 다른 동기가 있었다는 사실을 알려 주셨다면 어느 정도 완화되었을 것입니다. 우리는 다음의 사실로 무리 없이 이것을 믿을 수 있습니다. 즉 그의 아버지가 그에게 충분한 금전적 도움을 줄 수 없었다는 사실과, 그가 지금까지 웨일즈에 있는 삼촌의 후덕함으로 후원을 받는 빚을 지고 있었다는 사실입니다.

그러나 아무리 더 그럴듯한 동기를 들이댄다 하더라도 단순히 세상적인 동기가 그의 지난 모든 노력의 원동력이었다는 사실은 여전히 인정할 수밖에 없습니다. 그러하기에 훗날 그가 대학으로 다시 돌아왔을 때, 이와 같은 자기 비난의 회상이 그의 마음에 강하게 떠올랐고, 유사한 상황에 있었던 필립 헨리(Philip Henry)처럼 그의 생애를 죄악으로 물들지 않게 해 주신 하나님께 감사했기 때문에 그는 자신의 책에, '대학 시절에 지은 죄악 위에 눈물을 떨구다' 라고 써 넣었던 것입니다.

학생 시절의 리챠드 백스터

여기에서 앞으로 오웬과 함께 밝은 별자리에서 빛을 발할 운명을 지닌 다른 학생의 상황을 들여다보며 잠시 쉬어 가도록 합시다.

오웬이 옥스퍼드의 장엄한 골조와 학문의 그늘 아래를 거닐고 있는 동안, 혹은 깜깜한 한밤중에 몸을 구부려 책을 보고 있는 동안, 아마도 리챠드 백스터의 모습은 라우드로우 성의 매혹적인 풍경 한복판에서 볼 수 있었을 것이고, 그보다 더 후에 록세터의 작은 마을에서 볼 수 있었을 것입니다. 사람으로부터는 어떤 도움이나 인도도 받지 않은 채, 다만 불굴의 의지와 무엇이든 닥치는 대로 먹어 치우려는 지식욕의 급박성 아래에서 그는 그의 열정·어린 추구를 약화시킬 만한 어떤 어려움이나 낙심도 허용하지 않았습니다.

대학이 주는 체계적인 훈련이나 마음대로 사용할 수 있는 풍부한 지식의 저장고인 도서관의 혜택은 없었지만, 그의 열정은 물론 그가 가진 결핍마저도 더 잡다하고 다양한 영역까지 그의 학업에 도움이 되는 원천이 되었습니다. 그러하기에 이 원기 왕성한 영혼에게 대학의 훈련이나 도서관의 유익이 없다는 것은 아무런 문제가 되지 않았습니다. 대다수의 사람들에게는 마치 사막의 모래처럼 건조하고 매력이 없을 토마스 아퀴나스(Thomas Aquinas)나 안셀름(Anselm), 둔스 스코투스(Duns Scotus)의 글을 읽으면서, 그의 예리한 지성은 지고한 훈련을 거듭하며 참된 즐거움을 발견했습니다. 그는 고매한 대학생들과 그 차이를 거의 식별할 수 없을 정도의 박빙의 차이로 경쟁할 수 있기까지, 이러한 책들로 그의 변증적인 능력을 자극하고 연습하는 것을 기뻐했습니다.

오웬보다 2년 연장자였던 그는 '그리스도 안'에도 오웬보다 먼저 있었습니다. 옥스퍼드 대학생이 여전히 세상적인 야망의 불씨를 키우고 있는 동안, 백스터는 리챠드 십스(Richard Sibbes)의 『꺼져가는 심지와 상한 갈대의 회복』(*Bruised Reed*, 1999. 지평서원 역간)과 성경을 통해 거룩한 묵상의 기술을 배우고 있었습니다. 그러나 이후의 학생 시절에도 오웬은 그 거룩한 순간순간을 천국에 대한 생각과 '성도들'의 영원한 안식을 기대하는 것에 헌신하기까지 글을 읽기에는 너무 어둡고 등불을 밝히기에는 너무 이른 시간들을 보내고 있었습니다.

그러나 동일한 은혜가 곧 오웬의 영혼 위에도 임했고, 단지 세상적인 야망에 불과한 가련한 몽상으로부터 그가 영원히 빠져 나오도록 하나님의 섭리가 연합하여 역사했습니다. 그가 자신만을 위한 진로, 즉 성공하면 세속적인 성직자가 되게 했을 것이요, 아니면 편협한 박해자가 되게 했을지도 모르는 길로 자신의 인생을 설계하고 있는 동안, 그리스도께서는 그에게, "그가 내 이름을 위하여 해를 얼마나 받아야 할 것을 내가 그에게 보이리라"(행 9:16)라고 말씀하셨습니다.

이제 이 강력한 변화가 오웬의 마음과 외부 상황에 어떤 영향을 미쳤고 어떤 사건을 불러 왔는지를 더듬어 따라가 보도록 합시다.

제2장

회심의 때

His Cnversion

오웬이 개인적으로 심각한 관심을 가지면서 어떻게 신앙의 숭고한 주제에 처음으로 마음을 돌이키게 되었는지에 대해 우리는 그 어떤 상세한 정보도 가지고 있지 않습니다.

어쩌면 유년 시절에 겸손한 사제관의 지붕 아래에서 그의 마음에 박혔던 가르침의 씨앗이 잠을 잤다가 이제 살아나기 시작했는지도 모릅니다. 아니면 그의 지적인 준비와 성취를 위해 지성에 쌓아 두고 있던 진리들 중의 얼마가 뜻밖에도 그의 마음에 와 닿았는지도 모르겠습니다. 혹은 천국을 뒤흔들기 시작하는 신앙적 질문들에 관한 정직한 사투가 어느 정도 이 외로운 젊은이에게 공감을 불러일으킨 것은 아닐는지요.

그가 지금까지 즐겨왔던 것보다 훨씬 진지한 생각들이 그에게 떠올랐음에도 불구하고, 마치 새 생명을 움트게 하는 봄바람이 눈에 보이지 않듯이 그도 어떻게 이 일이 일어났는지를 알지 못하는 것은 아닐까요? 아마도 이 모든 것들이 하나로 결합되어 마침내 '먼저 하나님의 나라와 그 의'(마 6:33)를 구하도록 그를 이끌었던 것으로 보입니다.

어쨌든 오웬은 대학 시절 후기에 성령께서 그의 영혼에 새로운 부류의 생각과 감정을 일으키기 시작하셨다는 사실을 직접 증언하고 있습니다. 그렇지만 그는 그 후로도 한참 동안 충만한 평안과 하나님 나라의 거룩한 자유 안으로 들어가지 못했습니다. 그러나 그는 당시 신앙적 원리의 최고 통치를 받도록 자신을 내어 주기까지, 그리고 '저에게 어찌하여 이러십니까?'[1]라고 묻기까지 이끄심을 받습니다.

† 개인적 회심의 대가

그의 마음에 이와 같은 큰 변화가 일어나고 있는 동안, 대학의 행정실에서는 그가 가진 신앙의 원칙을 시험하기에, 다시 말해 불로 연단하는 것과 같은 일이 일어나고 있었습니다.

세상이 급속하게 변화함에 따라 윌리엄 라우드(William Laud)가 옥스퍼드의 학장으로 격상되었습니다. 그는 찰스의 은밀한 고문이요 주요한 조언자이자 스트라포드(Strafford)의 친밀한 동료로서, 국가의 전반적인 교회 정책에 이미 상당 부분 로마 가톨릭의 혁신을 불러일으켰고 이제는 서둘러 대학에도 이 개혁들을 도입하고 있었습니다.

심지어 클라렌던(Clarendon)마저 그를 가리켜 '성격이 거칠고 반대 주장이나 방자한 것을 참지 못하는 사람'으로 묘사할 정도로 라우드는 천성적으로 오만하고 폭군적인 정신과 좁은 마음을 가진 성직자였습니다. 그는 당시

---

1. 역자주 – 사도행전 9장 6절 말씀 중, 한글 개역 성경에는 번역이 되지 않은 표현으로 바울이 다메섹에서 예수님을 만났을 때, 놀라 떨며 '주여, 뉘시오니이까?'라고 물을 때 이어서 한 말로 주님을 알도록 이끄시는 절정의 순간에 터져 나오는 말을 의미합니다.

훌륭하고도 호의적인 사람들을 수없이 박해의 자리로 내몰았던 사람이었습니다. 그는 양심의 권리에 관한 관점이 달랐다기보다는, 결정적인 교회의 패권을 특징짓는 강압적인 정책에 얽매여 있었습니다.

이러한 점에서 라우드는 로마 가톨릭의 미신적인 경향이 두드러지고, 어떤 경우에는 로마 가톨릭의 미신과 똑같다고 볼 수 있는데, 그는 영국의 종교개혁가들이 가장 거부하고 혹독하게 정죄하는 많은 의식과 의례들을 대학에 채용하도록 요구했습니다. 그리고 이에 저항하는 자에게 내려진 벌은 다름 아닌 대학에서의 추방이었습니다.

이 과격하고도 그릇된 혁신은 당장 오웬을 개인적인 학생의 삶에서 가혹한 고투(苦鬪)의 공적인 삶으로 끌고 갔습니다. 하나님을 두려워하기에 다른 모든 두려움으로부터 자유로워진 그의 정신은 이 고집불통의 고위 성직자의 완고한 정세에 저항하고자 결심하기까지 많은 시간을 필요로 하지는 않았습니다.

라우드가 강요한 많은 의식들은 오웬이 양심상 하나님께서 금하신 것이라고 믿는 것들이었습니다. 그는 심지어 의무로 부과된 것은 아니더라도 무관심한 처사로 일어날 수 있는 일들이 하나님께서 지정하신 것과 동일한 의무로서 권위적으로 명령되었을 때, '사람의 계명으로 교훈을 삼아 가르치는 것' (마 15:9), 즉 하나님의 특권과 양심의 권리를 침해하는 것이기에 저항해야만 한다고 절실하게 느꼈습니다.

이러한 신념이 엘리자베스 시대, 즉 리들리(Ridley)와 라티머(Latimer)가 '사람을 화형에 처했던' 시대에 청교도들이 고수하고 있던 토대였습니다. 비록 이 시기에 오웬의 정신적 활동을 말해 주는 그 어떤 기록도 남아 있지 않습니다. 하지만 종국에 그가 취한 행보로 미루어볼 때, 지금 오웬이 의식하지 못한 채 이 청교도의 확고부동한 첫 번째 핵심의 길을 더듬어 가고 있다는 사실과, 그의 마음에 생기를 불어넣었고 그의 행동을 결정하게 했던 원칙들이 오랜 후에 그가 쓴 다음의 글에 잘 표현되어 있다는 사실에는 전혀 의심의 여지가 없습니다.

"신자들은 하나님께서 지정하지 않으신 것은, 하나님을 예배함에 있어 그 어떤 것도 수용하지 않을 것이요, 어떤 것도 준수하지 않을 것이며, 아무것도 소유하지 않을 것입니다. 그들은 하나님께서 이 세상의 기초로부터 물질이나 방법의 어떤 형태로든, 피조물의 뜻이 하나님의 영예의 방법, 혹은 그분을 예배하는 원칙이 되도록 결단코 허용치 않으셨고, 앞으로도 절대 허용치 않으실 것이라는 사실을 알고 있습니다.

어떤 사람이 두 번째 계명(너를 위하여 새긴 우상을 만들지 말고, 또 위로 하늘에 있는 것이나, 아래로 땅에 있는 것이나, 땅 아래 물 속에 있는 것의 아무 형상이든지 만들지 말며)을 우리 자신을 위해 만들어 낸 것, 고안품이나 예배의 방식을 찾아내는 것, 혹은 하나님을 경배하는 수단들로 하나님께서 정하신 것이 아니요, 엄하게 금하신 것들이라고 설명한 것은 참으로 기지 있고 참된 통찰입니다. 신자들은 모든 억지 경배에 대해 하나님이 어떻게 대응하시는지를 알고 있습니다. '그것을 누가 너희에게 요구하였느뇨?' (사 1:12), '나를 헛되이 경배하는도다' (마 15:9)라는 말씀이 이를 가장 잘 말해 주고 있습니다.

저는 제 마음에 부담이 되는 것을 말하려고 합니다. 또한 혼신의 힘을 다해 (주님이 도우십니다) 이 모든 세상을 거슬러서 입증해야만 하는 것을 말하려고 합니다. 즉, 이것은 그리스도께서 직접 율례를 제정하셨던 때처럼 율례를 제정하는 것이 불가피한 상황인지를 바르게 주시하지 않고, 교회가 물질 면에서나 방식 면에서 하나님을 예배하는 것에 속한 어떤 것, 혹은 의식을 제정하고 임명할 수 있는 권한을 가지고 있다는 원칙에 관한 것입니다. 이 원칙이 기독교 세계에 오랫동안 퍼져 있던 모든 가증스러운 미신과 우상 숭배, 온갖 혼란과 피, 박해, 그리고 전쟁의 맨 밑바닥에 놓여 있다는 사실이요, 이 진리를 발견케 하려는 것이 요한계시록의 주된 목적이라는 사실입니다.

저는 하나님께서 이 나라와 그토록 오랜 세월 다투어 오셨고, 그토록 분노하시고 진노하시면서 추구해 오셨던 쟁점이 바로 이 문제에 있다는 사실을 전혀 의심하지 않습니다. 이 문제는 우리 가운데 비추고 있는 복음의 영광스러운 빛과 상반되는 질서, 품위, 교회의 권위 등과 같은 것들의 이름 아래 사람의 뜻과 공상이 하나님을 예배하고 섬기는 방법으로 사람에게 부과됩니다. 그렇게 되면 사람들은 하나같이 가장된 영광과 아름다움, 훌륭함과 복종을 간절히 구하게 되는데, 이것은 하나님께서 이스라엘 교회에 대해 묘사해 놓으신 것과 거의 다를 바가 없는 것입니다.[2] 이로 인하여 하나님의 성령께서 기도 가운데서 조롱당하시고 복음의 강력한 선포가 멸시를 받으며 안식일이 실추되고 거룩함이 오명을 쓰고 박해를 받는 것입니다.

결국은 어떻게 되겠습니까? 예수 그리스도께서 그분만이 유일하게 교회의 법을 제정하실 수 있다는 능력의 자리에서 물러나게 될지도 모르고, 참된 남편은 한쪽으로 밀쳐진 채, 행음자들이 그의 아내를 끌어안을지도 모릅니다. 또한 주님께서 결코 교회에 주신 적이 없는[3] 거짓 사역자들이 교회 안팎에 임명될지도 모르고, 이교(異教)와 유대교, 적그리스도로부터 말미암은 지나치게 형식적이고 화려하며 가식적인 예배가 소개될지도 모릅니다. 그러나

---

2. 역자주 – 겔 16:25 네가 높은 대를 모든 길 머리에 쌓고 네 아름다움을 가증하게 하여 모든 지나가는 자에게 다리를 벌려 심히 행음하고.

3. 역자주 – 엡 4:11 그가 혹은 사도로, 혹은 선지자로, 혹은 복음 전하는 자로, 혹은 목사와 교사로 주셨으니.

그러한 것들은 하나같이 하나님의 말씀 어디를 보아도 전혀 찾을 수 없는 단어요 명칭들입니다.

그러므로 그리스도와 연합을 이루고 있는 사람들은 이것을 조심해야 합니다. 그들은 주님께서 인준하신 것 외에는 하나님을 예배함에 있어 개인적인 것이든 공적인 것이든 어떤 것도 인정하지 않을 것이요, 아무것도 준수하지 않을 것입니다. '그렇게 주 예수께서 말씀하셨느니라' 는 말씀과 함께 그분의 이름으로 온 것이 아닌 한, 신자들은 천국에서 온 천사의 말도 들으려 하지 않을 것입니다."[4]

오웬의 박식한 양심이 이처럼 분명하게 굴종을 용납하지 않고 있는 동안, 세속적으로 유리해 보이는 모든 생각들이 라우드의 법령 안에서 융통성 있는 묵인을 강하게 요구하고 있었습니다. 옥스퍼드를 저버리는 것은 학생인 그의 인생에서 지금껏 그의 앞을 비추어 왔던 모든 유망한 장래를 한꺼번에 박살내는 것과 같았습니다. 이것은 영예로운 승진의 문뿐만 아니라, 아마도 이때 그의 마음에 떠올랐을 그리스도인으로서의 유용한 삶을 살 기회의 문마저 면전에서 닫아버리는 것처럼 보였을 것입니다.

오웬이 대주교를 불쾌하게 하는 것은 불가피했을 것입니다. 대주교는 독을 품고 밤잠도 설쳐가며 자신의 정책에 반대하는 모든 사람들을 샅샅이 찾아내려고 했습니다. 그의 이러한 열심은 이미 주도면밀하고 세심한 조사를 통해 온 영토 구석구석까지를 섭렵하고 있었고, 잔혹하고 악의에 찬 그의 영혼은 이미 성실청(星室廳 · Star Chamber)[5]과 고등 판무관의 법까지도 위반

---

4. 『하나님과의 연합』(*Communion With God*).

5. 역자주 – 오웬 당시의 불공평하기로 이름났던 형사 법원입니다.

할 정도로 극악무도하게 황무한 영역까지 뒤지고 있었습니다.

오웬은 곧 닥칠 재난을 먼 훗날의 일로 생각했을지도 모릅니다. 그러나 그가 이와 같은 일에 발을 떼면 웨일즈에 사는 왕정주의자 삼촌[6]으로부터 무자비한 화를 자초하게 될지도 모른다는 사실에는 눈먼 장님이 될 수야 없었습니다. 삼촌은 지금까지 그가 옥스퍼드에서 공부할 수 있도록 주된 재정적 지원을 해 주었고 그의 행실이 계속 마음에 드는 경우에 한해서 그의 영토를 물려줄 상속자로 삼겠다는 의도를 내비친 바도 있었기 때문입니다.

그러나 오웬은 애굽의 모든 보화보다 그리스도로 인한 질책을 더 큰 부로 여겨야 하는 그의 사명감을 위반하느니, 차라리 타협하지 않을 경우 뒤따를 모든 결과들을 기꺼이 감수하기로 했습니다. 그래서 오웬은 21세의 나이에 그의 모든 꿈과 10년 넘게 젊은 시절을 보냈던 소중한 교제들을 뒤로 한 채, 양심에 따라 자처해서 옥스퍼드 대학교의 문을 나와야 하는 추방자의 신세가 되었습니다.

지금 하나님께서는 옥스퍼드보다 더 상급 학교에서 그를 교육시키는 중이셨고 하나님께서 선택하신 도구를 알맞게 빚고 주조하기 위해 그에게 불같은 훈련을 주시는 중이었습니다. 이렇듯 그는 "하나님의 나라를 위하여 집이나 아내나 형제나 부모나 자녀를 버린 자는 금세에 있어 여러 배(倍)를 받고 내세에 영생을 받지 못할 자가 없느니라"(눅 18:29,30)라고 한 말씀을 이루어 가고 있었습니다.

이처럼 고귀하게 양심의 빛을 좇다가 추방당한 이 학생은 10년 후에, 최고의 영예를 받기 위해, 사법 행정직을 담당하기 위해, 그리고 라우드를 불명예스럽게 내쳐 버린 바로 그 권력의 자리를 차지하기 위해, 그 빛은 그 문을

---

6. 역자주 – 오웬의 삼촌입니다.

지나 다시 돌아오게 됩니다.

오웬은 19세에 인문학 석사 과정을 시작했습니다. 그리고 옥스퍼드를 떠나기 얼마 전에 밴크로프트(Bancroft) 주교로부터 성직 인허를 받았습니다. 그리고 얼마 후에 애스콧의 로버트 도머(Robert Dormer) 경은 그에게 가족의 목사이자 맏아들의 가정교사가 되어 주기를 청했습니다. 오웬에 관한 가장 오래된 단평들 중의 하나에서, '그는 두 가지 제안 모두에서 로버트 경과 그의 가족에게 굉장히 만족스럽게 처신했다' 고 말하고 있습니다. 얼마 후에 그는 버크셔(Berkshire)에 있는 헐리의 러블라스(Lovelace) 영주 가족의 목사직을 받아들였는데, 그곳에서 넘치는 친절로 즐거워했던 것으로 보아 그 진가를 충분히 인정받았던 것 같습니다.

그러나 그 사이에 찰스와 의회 사이의 불화는 빠르게 커져 가고 있었습니다. 찰스는 국가의 다른 재산에 대한 헌법의 권리를 종종 침해했고, 의회 없이 통치하고 불법적인 수단으로 돈을 모으려고 하였습니다. 또한 가장 엄숙한 서약을 계획적으로 어겼고, 라우드의 혁신적인 미신적 행위를 묵인했으며, 신앙의 자유를 부당하게 침해했습니다. 결국 이 모든 것은 왕정의 횡포를 견디지 못하고 저항하도록 촉발했고, 의회가 마지막 방편인 군대를 사용하도록 내몰았으며, 시민 전쟁의 불협화음으로 온 나라를 뒤흔들게 만들었습니다.

이러한 위기의 상황에서 어느 누구도 중립을 견지하는 것은 불가능했고, 오웬이 그의 후원자와 반대되는 의향을 가지고 있다는 사실이 명백해졌습니다. 러블라스 영주는 찰스와 왕권 편에서 전투에 대비했습니다. 오웬은 모든 확신과 공명감으로 자연스럽게 의회와 공적인 자유를 위한 의회 편인 군대와 함께했습니다. 이 두 가지 사건은 대번에 다음과 같은 결과로 이어졌습니다. 곧 오웬은 러블라스 영주의 가족과 결별하게 되었고 웨일즈의 왕정주의자인 삼촌과도 완전히 결별하게 되었습니다. 그래서 결국 이 삼촌은 오웬이 아닌 다른 사람에게 땅과 재산을 물려주었던 것입니다.

† 침체

버크셔를 떠난 뒤, 오웬은 이제 런던으로 옮겨 와 카르투지오회(Carthusian) 수도원에 거처를 정했습니다. 그는 이곳에서 옥스퍼드에서 맨 처음 가졌던 신앙적 고민으로 시작된 정신적 침체로 인해 계속해서 고통을 받고 있었습니다. 중도에 어느 정도 경감되기는 했지만 이 침체는 결단코 완전히 제거되지는 않았습니다.

지금 그의 영혼을 가로질러 드리우고 있는 깊은 어둠의 그림자뿐 아니라, 삼촌의 행동으로 그가 처하게 된, 외적으로 낙심되어 보이는 상황이 어느 정도 영향을 주었을 것이라는 사실에는 의심의 여지가 없습니다. 그러나 주된 침체의 근원은 보다 깊은 곳– 하나님과의 관계에 관해 그가 가진 혼란과 근심 –에 있었습니다.

여러 해 동안 그는 훈련된 신앙의 힘으로 살고 있었습니다. 그러나 아직까지도 안정된 평화의 지역에 다시 태어나지 못한 상태였습니다. 때때로 주님의 무시무시하심이 여전히 그를 둘러싸고 있었습니다. 오웬의 마음에 이처럼 지독하게 무서운 갈등을 유발한 원인이 무엇이었는지를 분명하게 확인할 수 있는 방법은 전혀 없습니다.

하나님의 거룩함과 공의에 대한 압도할 만한 지각 때문이었는지, 아니면 하나님이 계시하신 진리와 모든 것을 망라하는 부르심 안에서 안식해도 되겠지만 하나님의 비밀스러운 목적이 기대와 어긋나고 예측 불허해서 그러했는지, 아니면 태양빛이 가득한 십자가 안에 서 있으면 되겠지만 자기 자신의 의를 내세우며 내적으로 고민해서 그러했는지, 그도 아니면 이 중 어떤 것보다 더 신비에 싸인 깊은 고뇌 때문이었는지는 도무지 알 길이 없습니다.

그러나 우리는 수년 후에 그가 쓴 『죄의 용서』(*Forgiveness of Sin*)라는 훌륭한 논문이 상당 부분 이 시간 동안 그를 고통스럽게 한 원인의 기록일 뿐 아니라 그 영향이라고 짐작할 수 있을 것입니다. 신앙적 문학에서 가장 귀한 보배들 중의 얼마는 이처럼 일곱 배나 뜨거운 정신적 고통의 용광로에서 나온다는 사실만큼 확실한 것은 없을 것입니다. 루터의 『갈라디아서 입문』(*Introduction to the Galatians*)에서 그가 보여 주는 놀라운 대화들은 불신앙에 대해 루터 자신이 가졌던 영혼의 강력했던 갈등을 반영하고 있습니다.

『천로 역정』(*Pilgrim's Progress*)은 상당 부분 번연(Bunyan) 자신의 정신적 자서전입니다. 마찬가지로 신학에 관한 기독교인의 풍성한 경험으로 가득하며, 오웬이 지금껏 저술한 가장 훌륭한 작품 중 얼마를 포함하고 있는 『시편 130편 강해』(*Exposition of the 130th Psalm*)는 상당 부분에서 지금 그가 겪고 있는 방황과 혼란, 그리고 종국의 해방에 관해 서술하고 있는 무의식적인 복사본입니다.

† 영적 해방

그러나 마침내 오웬의 어깨로부터 짐이 벗겨지는 순간이 찾아왔습니다. 이처럼 그의 생애에서 그 짐을 풀게 된 방법만큼 흥미진진한 것은 거의 없을 것입니다.

에드먼드 칼라미(Edmund Calamy) 박사는 그 당시 앨더맨버리 예배 처소(Aldermanbury Chapel)의 사역자로서 그의 남자다운 웅변으로 대중을 사로잡고 있었습니다. 어느 주일 아침, 오웬은 이 유명한 장로교 설교자의 설교를 듣기 위해 그의 교회로 갔으나 시골에서 올라온 듯한 한 무명의 낯선 사람이 설교단에 올라가는 모습을 보고 매우 실망했습니다. 그의 친구는 서둘러 다른 유명한 설교자가 있는 교회로 갈 것을 제안했습니다. 그러나 오웬은 이미 힘을 다 소진한 터라 그냥 남아 있기로 마음먹었습니다.

진심 어린 짧은 기도 후에, '어찌하여 무서워하느냐? 믿음이 적은 자들아' 라는 마태복음 8장 26절 말씀이 선포되었습니다. 즉시, 현재 자신의 마음의 상태에 적합한 말씀이라는 생각이 오웬을 사로잡았습니다. 그는 하나님께서 이 사역자를 통해 자신에게 말씀해 주시기를 기뻐해 달라는 내적 기도를 내쉬었습니다.

기도는 응답되었습니다. 그 설교자는 오웬의 마음을 오랫동안 혼란케 했던 바로 그 의심들을 정확히 말했고 답을 주었습니다. 설교가 끝나 갈 즈음, 그는 오웬을 안정된 평화의 빛으로 이끄는 데 성공했습니다. 오웬은 이처럼 '하나님의 천사' 와도 같은 이 설교자의 이름을 알아내려고 혼신의 노력을 다했으나 허사였습니다.

이와 같이 오웬의 마음에 평화가 임하도록 쓰임받은 이 겸손한 도구에는 하나님께서 선택하셨다는, 눈에 보이는 현저한 증표가 있었습니다. 우리는 사울의 눈에서 비늘을 벗겨 내기 위해 겸손한 아나니아를 보내셨고, 웅변가 아볼로를 만드는 데 천막을 짓던 가난한 부부 아굴라와 그의 아내를 도구로 삼으셨던 지혜와 동일하게 이 일에서도 그와 같은 유래를 찾을 수 있을 것입니다.

외국의 신학자들도 그의 작품을 읽기 위해 언어를 공부한다는 소문이 들릴 정도로 오웬의 학식과 지적 능력의 명성은 널리 퍼져 있습니다. 그가 어떤 방식으로 영적인 해방을 얻었는지를 돌아본다면, 자기를 의존하고 높이려는 모든 마음을 억누르게 됩니다. 또한 설교하면서 최고의 방식으로 성공을 얻는 것이 자기의 높은 지적 은사의 독점과는 아무 상관이 없고 모든 경우에서 "만군의 여호와께서 말씀하시되, 이는 힘으로 되지 아니하며 능으로 되지 아니하고, 오직 나의 신으로 되느니라"(슥 4:6)라는 말씀에 있다는 사실을 결코 의심할 수 없게 됩니다.

제3장

첫 목사직

His First Pastorates

이제 영적 침체의 짐에서 완전히 벗어난 오웬의 마음은 곧 낙천성과 활기를 회복했고, 1642년 3월에 그의 첫 소론집(小論集)인 『알미니안주의[1]의 진상』(*A Display of Arminianism*)을 세상에 선보였습니다. 십중팔구 그는 로버트 도머 경과 러블라스 영주의 가족과 함께 있는 동안 이 일에 조용히 몰두했을 것입니다. 그의 정신적 침체의 원인은 알미니안적 논쟁이 건드리고 있는 몇 가지 특정한 요점을 오해하고 있는 것과 다소 연관되어 있었던 것

1. 역자주 – 칼빈의 하나님의 절대 주권과 예정을 반박하여 알미니우스가 만들어 낸 사조로 알미니우스가 죽고 난 후 그를 추종하는 알미니안주의자들은 알미니우스의 가르침에 근거하여 다음의 5대 항론을 발표하였습니다. 이 안에 알미니안주의가 말하는 것이 무엇인지가 잘 설명되어 있습니다.
  1) 인간은 완전히 타락하지 않았고 자유의지가 남아 있다(자율 구원성).
  2) 하나님은 인간의 조건을 보고 선택하였다(예지 예정 및 조건 선택).
  3) 그리스도의 십자가 속죄는 모든 인류를 위한 것이다(만인 구원).
  4) 성령의 은혜는 충분히 저항할 수 있다(자유의지).
  5) 구원받은 사람도 잘못하면 구원을 잃어버린다(궁극적 구원 실패 가능).

같습니다. 그러하기에 그가 이에 관해 더 온전히 연구하게 되었는지도 모릅니다.

† 알미니안주의의 반박

이 작품의 주된 동기는 당시 교권의 정책과 그 정책이 오랫동안 조장하고 보급하려고 목표했던 교리적 신조의 긴장 안에서 발견할 수 있습니다.

라우드와 그의 당파는 로마 가톨릭의 의식과 예복, 그리고 수동적인 순종을 열망했던 것만큼이나 특정한 알미니안주의의 교리에도 열심이었습니다. 이들이 미신적인 의식을 지지하는 사람들 및 독재 통치를 옹호하는 자들과 유대가 있었기 때문에 이러한 교리들에 대해 왕실은 호의적이었습니다. 이처럼 고위직으로 격상하는 배타적인 길을 구축하면서, 알미니안주의는 상류층이 선호하는 신조가 되었습니다. 급속도로 성직의 성격이 바뀌고 교회 자체의 조항과 종교개혁자들이 못 박아 놓은 안전한 정신적 지주로부터 멀어지고 있는 교회 안으로 이 교리의 물살은 흘러 들어가고 있었던 것입니다.

오웬이 독자들에게 전하는 인사말에서 언급하고 있는 논평은 정확하게 라우드주의적인 정책을 기술하고 있습니다. '만약 한 가난한 청교도가 라우드주의자들이 성경의 조항을 반대하는 것의 절반만큼이라도 성경을 어겼다면, 목숨이 위험하지는 않더라도 벌로 그의 생계를 몰수당했을 것입니다.'

그리고 다른 본문에서 알미니안주의가 영국에 어떻게 전개되어 왔는지를 설명합니다. '저는 아이네아스 실비어스(Aeneas Sylvias)[2]가 이야기하고 있

2. 역자주 - 베르길리우스가 로마의 첫 황제 아우구스투스의 구미에 맞게 날조한 그리스 로마 신화입니다.

는 것을 주요한 쟁점으로 삼습니다. 어찌하여 공의회가 교황의 우위가 아니라 교황이 공의회의 우위에 있다고 우기는지……. 이는 교황이 대주교들과 주교의 관할권을 주기 때문입니다. 그러나 공의회는 가난한 상태에서 고소를 당했기 때문에 그들의 사정을 탄원해 줄 지지자를 거의 얻을 수 없었습니다. 우리 교회의 운명이 최근 이러한 독소로 더렵혀진 사람들의 손에 맡겨지면서, 알미니안주의는 칭송과 격상의 강력한 논쟁을 등에 업은 채, 불쌍하게 벌거벗은 진리를 재빨리 구석으로 내치고 있습니다.'

오웬의 『알미니안주의의 진상』은 당시 팽배해 있던 견해들을 제지하기 위해 일으킨 방벽이었습니다. 각 장은 오웬의 답변과 함께, 논의된 요점에 대한 알미니안주의 교리의 진술을 담고 있습니다. 그리고 각 장의 끝 부분에는 몇몇 알미니안 저자의 언어로 알미니안 교리를 더욱 간략히 진술했고 성경 말씀을 그 반대편 단락에 대치시켜 놓았습니다. 또한 의심할 여지 없이 오히려 펠라기안(Pelagian)[3]적 오류의 한 아류에 속하고, 오늘날의 경건한 알미니안도 받아들이지 않을 당시의 알미니안주의를 비난하고 있습니다.

이 작품은 몇몇 부분에서 신학적 논쟁에 너무나 많이 집착하고 있다는 비난으로부터 자유로울 수는 없었습니다. 그 논쟁은 개인으로 하여금 그들이 고백하고 있는 신조뿐 아니라, 그 신조들로부터 비롯되는 모든 결과에 대해서도 책임을 지게 만드는 것이었습니다. 더구나 이 작품은 당대의 점잖은 신학자들을 휘청거리게 만들 만한 문제들로 가득했습니다.

또한 이 책은 온통 강력한 칼빈주의적 갑주를 두르고 있습니다. 이 책은 오웬의 이후 대다수 작품들보다 학문적인 형태로 쓰였지만, 청교도들과 오웬

---

3. 역자주 – 영국의 수도사인 펠라기우스(Pelagius)가 만들어 낸 신학 교리로서, A.D. 416년에 로마 가톨릭에 의해 이단으로 정죄되었습니다. 이 교리는 원죄를 부인했고 인간에게 자유의지를 사용함으로써 스스로 의로워질 수 있는 능력이 있다고 주장했습니다.

의 출중한 특성을 나타내는 정신, 그리고 그들의 경건함에 그토록 깊이를 더하는 정신의 표증들을 담고 있습니다. 즉 이 정신은 모든 사건을 하나님과 연결하고 하나님의 섭리하심 앞에 경외하는 마음으로 몸을 낮게 굽히는 것입니다.

오웬은 그의 작품을 '신앙을 위한 의원회의 영주들과 신사들'에게 헌정했습니다. 그들은 하원 의원들을 임명하여 이 책의 인쇄와 출판을 관리하도록 했습니다. 이 책의 출판은 처음으로 오웬을 목회사역에 소개하는 수단이 되었다는 면에서 흥미롭습니다. 수치스러운 사역자들을 제거하여 교회를 정화하려는 목적 때문에 에식스에 있는 포드햄(Fordham)의 성직자는 현직에서 쫓겨난 반면, 오웬은 동일한 의원회로부터 빈 교구의 성직을 맡기 위해 초청받았습니다.

† 포드햄에서의 사역

포드햄으로 옮겨간 지 얼마 안 되어서, 오웬은 메리 룩크(Mary Rooke)라는 여인과 결혼을 합니다. 그러나 이 결합과 관련하여 우리에게 전해 내려오는 정보는 다음의 사실 정도에 불과합니다. 곧 이 여인과 오웬의 사이에 열한 명의 자녀가 있었으나 한 명의 딸을 제외하고 모두 어린 나이에 죽었다는 것입니다. 그리고 유일하게 홀로 남은 딸은 한 웨일즈 신사의 아내가 됩니다. 그러나 이 결혼은 불행했던 것으로 알려지고 있는데, 이 딸은 친족과 아버지의 집으로 돌아갔고 얼마 후에 폐결핵으로 죽었다는 정도입니다.

오웬의 이 초창기 목회의 시기는 그의 인생에서 가장 행복했던 시간 중의 하나였던 것으로 보입니다. 포드햄은 에식스로부터 서포크(Suffolk)를 나누는 비옥하고 아름다운 스투어(Stour) 계곡으로 둘러싸여 있는 외딴 마을입니다. 오늘날 그곳의 주민은 약 7백 명에 달하지만, 오웬의 시대에는 결코 그렇게 많았을 리가 없을 것입니다. 이렇게 물러나 쉬면서 그다지 밀집되지 않은 시골 주민들에게 둘러싸인 채,[4] 오웬은 시골 교구의 조용한 직무들을 평안 가운데서 추진할 수 있었습니다. 그가 대부분은 만족스럽게 단념하였기에 마지못해 떠맡은 몇몇이 가지는 보다 더 대중적이고 산란한 책임들에 대해서는 아직 아는 바가 전혀 없던 시기였습니다.

이전 사역자가 이 교구의 영적인 일들을 소홀히 했기에, 오웬은 열심을 다해 개간되지 않은 경작지를 갈아엎고, 여전히 그의 마음에 첫사랑의 새로움을 불러일으키는 그 진리들을 설파하는 데 헌신했습니다. 집집마다를 방문하면서 교리문답을 가르치는 훌륭한 청교도의 관습을 통해 그는 그곳의 그리스도인들에게 상당한 지식이 있다는 것을 알게 되었을 뿐 아니라, 그 또한 폭넓은 성도들의 사랑을 받게 되었습니다.

그리고 그의 견고한 설교는, 곧 그 자신의 교구 주민들을 그의 주변으로 모여들게 했을 뿐 아니라, 심지어 인근 교구의 경계를 가로질러 그의 무게 있는 말씀을 들으려는 수많은 사람들까지도 사로잡았습니다. 키더민스터의 백스터(Baxter)처럼, 그도 '십자가에 못 박힌 그리스도'를 열심히 전하는 것

---

4. 우리는 오웬의 첫 사역 장면을 말해 주는 정보에 대해 콜체스터의 침례교 목회자, 알렉산더 앤더슨(Alexander Anderson) 목사에게 빚을 지고 있습니다. 그는 (4마일 떨어져 있는) 포드햄의 교구 명부에서도 여전히 오웬의 서명을 볼 수 있고, 우리에게 그가 다음과 같이 특이하게 서명을 했었다고 또한 알려 주고 있습니다. 알렉산더 앤더슨 목사가 계속 조사해 본 바에 한하면, 그의 선임자들과 후임자들 모두 당시 흔히 썼던 칭호인 '교구 목사(Parson)'로 서명을 했던 반면, 오웬은 언제나 예외 없이 '목회자(Pastor)'라는 말로 서명을 했다고 합니다. 이것은 그가 심사숙고하여 처음부터 주제넘은 칭호인 '교구 목사(parson)'라는 말보다 더욱 성경적인 용어인 '목회자(pastor)'라는 말을 더 선호했다는 사실을 보여 줍니다. 이 말이 '교회의 인격(Persona ecclesiae)'에서 유래되었다는 사실을 받아들일 때, 이 사실은 더욱 특별해집니다.

외에 다른 어떤 수단으로도 결코 가져올 수 없는, 당시 광범위하게 퍼져 있는 지속적인 개혁 중의 하나를 목격하여 신바람이 나 있었습니다.

그가 이 시기에 저술한 작품들은 그의 사고의 흐름과 복음주의적 열정의 생동감을 나타내고 있습니다. 그중 첫 번째 작품이 『목회자의 직무와 구별된 성도들의 직무』(*The Duty of Pastors and People Distinguished*)입니다. 이 책은 1643년에 출판되었습니다. 이 책의 주된 목적은 '하나님의 사람들이 교회 직분자들과 구별되어, 자신과 다른 사람들 안에 하나님을 아는 지식을 증가시키기 위해 사용할 수 있는 수단' 을 기술하고, 비록 하나님의 사람들에게서 기독교의 자유를 박탈하지 않더라도 어떻게 그 신성한 부르심이 옛날의 그 고귀함을 유지할 수 있는지를 보여 주는 데 있었습니다.

또한 이 책은 그가 자신으로부터 이끌어 낸 내적 증거를 지니고 있는데, 이는 교회에서 일개 교인들의 대리 행위와 같은 모든 것에 금지 명령을 부과하려고 애썼던 교회 성직자들의 비성경적 억설들로 말미암은 것이었습니다. 그러나 교회 안에 거친 민주주의 정신을 소개하려고 애쓰면서 '모든 주님의 성도들을 예언자' 로 만들려는 방식으로 공인된 사역의 헤아릴 수 없이 귀중한 유익을 무용지물로 만들었던 성급한 사람들을 겨냥한 특정 본문들도 있었습니다.

이 책은 가장 초기 작품이면서, 오웬의 가장 유용한 소논문들 중의 하나이자 권위와 자유를 능숙하게 조화시킨 탁월한 작품입니다. 그의 책이 얼마나 자명하게 현명함을 지니고 있었는지는 다음의 문장이 잘 말해 주고 있습니다. '누구에게나 드러난 진리는 이 책이 반드시 출판되어야 하고 다른 이들에게 전해져야 한다고 양심을 강하게 설득하고 있다!'

또한 다음의 문장은 참으로 현명한 절제와 질책을 담고 있습니다. '공적인 사역을 감당하고 있는 신실하고 부지런한 사역자들을 경멸하는 자들이 개인적인 축복을 받을 수 있으리라는 생각으로 우쭐대지 않게 하십시오. 그들이 감히 하고자 하는 것을 하도록 내버려 두십시오. 이는 그들이 하나님의 모든 율례를 동등하게 존중하지 않는 것입니다.'

버넷(Burnet)의 『목회적 돌봄』(*Pastoral Care*)과 백스터의 『참된 목자』(*Reformed Pastor*)가 당시 사역자들의 안내서와 지침서로 명명되었다면, 이 소논문 역시 교인들의 안내서로서 그 두 책들과 견주어도 손색이 없을 것입니다.[5]

우리는 이 바쁜 목회자가 『두 가지 짧은 교리문답에서 펼쳐진 그리스도의 교리』(*Doctrine of Christ unfolded, in Two Short Catechisms*)라는 제목으로 출간한 두 번째 책에서 여전히 그의 행적을 추적할 수 있습니다. 이 책의 첫 번째 부분은 젊은이들을 위해 썼고, 두 번째 부분은 부모들이 가정에서 아이들을 훈육할 때 도움을 줄 목적으로 어른들을 위해 쓴 글입니다. 한나절 동안이나 굉장한 신학적 토론에 가담했다가도 곧 '아기 먹일 우유'를 준비하는 견고한 청교도들을 볼 때, 우리는 존슨(Johnson)이 아이작 왓츠(Issac Watts)에 관해 써 놓은 놀라운 문장을 떠올리게 됩니다. '처음 배우는 것을 떠듬떠듬 읽는 아이부터 지각이 트여 말브란츠(malebranche)와 로크(Locke)를 읽는 어른에 이르기까지 모든 세대에게 가르침을 제공해야 한다.'

오웬이 근면하고 진솔하게 목회사역을 하는 동안, 그의 확고한 명성은 커져 가고 있었습니다. 1646년 4월 20일에 오웬은 매달 금식 모임을 위해 의회 앞에서 설교를 하도록 지명을 받았습니다. 본문은 '밤에 환상이 바울에게 보

---

5. 오웬은 1641년 에딘버러(Edinburgh)의 총회 법령(Act of Assembly)에서 표현된 스코틀랜드 교회의 판단과 관습을 찬성하며 인용하고 있습니다. '우리 총회는 하나님의 섭리로 정하셨고 하나님의 말씀이 명령하셨듯이, 하나님과 교회의 부르심을 받지 않은 사람들이 말씀을 전하는 목회자의 직무를 침해하지 않는다면, 모든 임시 모임에서도 경건회를 가지라고 명령하는 바입니다.'

이니 마게도냐 사람 하나가 서서 그에게 청하여 가로되, 마게도냐로 건너와 서 우리를 도우라 하거늘' (행 16:9)이라는 말씀이었습니다. 설교는 인기 있는 웅변식으로 작성되었고, 오웬의 저술에서 흔히 나타나는 긴장은 전혀 찾아볼 수 없었습니다. 제너(Jenner) 씨와 필립(Philip) 경이 오웬에게 의회의 감사를 전했고 그의 설교를 출판할 것을 명했습니다.

포드햄 목회자의 복음을 전하는 열정은 닫힌 마음을 향하여, 신앙적인 가르침이 전무했던 제국의 방방곡곡뿐 아니라 특별히 그의 조국인 웨일즈에 이르기까지 발산되고 있었습니다.

'만나가 여호와의 손에서 광야로 떨어졌을 때, 모든 사람들은 동일하게 나누어 먹었습니다. 이것이 이차적으로 사람들의 손에 넘어오니 너무나 큰 불평등이 생겼습니다. 어떤 사람들은 다 가졌지만 다른 사람들은 하나도 가지지 못했습니다. 어떤 양들은 매일 드넓은 초원에서 온갖 풀과 꽃들을 골라 먹는 반면 또 어떤 양들은 인도자도 양식도 없이 황무한 산에서 마냥 헤매고 있습니다.'

그는 전 세계에 걸쳐 가장 훌륭한 것으로 기념할 만하며 영국의 모든 시민들이 영원토록 기억할 만한 가치가 있는 장기의회(長期議會)[6]에서 열정적인 용어로 설교를 전했지만, 몇몇은 그의 이 열정적인 용어들을 비난했습니다. 그러나 현대의 평가보다 이후에 이 역사에 대한 조용한 판단을 더 정당화시킬 수 있는 것이 무엇이 있을 수 있겠습니까? 어느 시대의 영국 의회가 그와 같은 애국자들의 명단을 두루마리 종이에 담아낸 적이 있었으며, 또한 사람

---

6. 역자주 – 영국의 청교도 혁명의 발단이 되었고, 또 그것을 수행한 의회. 1640년 11월에 소집되어 형식적으로는 1660년 3월까지 계속되었기 때문에, 40년 봄에 열렸다가 곧 폐회된 '단기의회'에 대비하여 이 이름이 붙여졌습니다.

들의 자유를 그처럼 합법적인 보호로 감싸 준 적이 있었단 말입니까? 심지어 흄(Hume)조차도 마지못해 그들의 행동은 한 가지를 제외하고는 자유를 사랑하는 모든 이들로부터 칭송을 받을 만했다고 용인하고 있습니다.

얼마 후에 오웬이 포드햄과 맺고 있었던 사역적인 인연은 끝이 나고 맙니다. 그가 자리를 대신해 주었던 '은퇴한 성직자'가 죽었고 이런 식으로 살아 있는 사람에게 성직자를 소개하는 권리가 후원자에게로 되돌아감으로써 그의 자리는 다른 사람에게 주어졌습니다. 이 일은 그를 다른 분야에 소개하는 계기가 되었습니다.

† 코게쉘에서의 사역

에식스의 주요한 상업 마을로 약 5마일 거리에 있는 코게쉘의 사람들은 이 사임 소식을 듣자마자 오웬에게 그들의 사역자가 되어 달라는 간절한 초대의 편지를 보냈습니다. 이것은 후원자인 월윅(Warwick)의 백작이 이미 승인한 편지였습니다.

포드햄과 달리, 이 새로운 사역지는 연이은 신실한 사역자들로 인해 이미 이전에 열심히 경작된 곳이었습니다. 따라서 그는 기초를 놓기보다는 건물을 세우는 일에 초점을 두었습니다. 곧 오웬은 거의 2천 명에 달하는 회중에게 둘러싸이게 됩니다. 이들의 견고한 신앙과 기독교에 대한 이해는 그에게 기쁨이 되었는데, 뒤이어 일어나는 사건들은 이들이 얼마나 강하게 오웬과 결속되어 있었는지를 풍성하게 증거해 줍니다.

회중파주의자(Congregationalist)가 되다

오웬은 외적인 지위의 변화와 함께 교회 정치에 대한 그의 견해에도 상당한 변화를 겪습니다. 그가 코게쉘로 옮겨간 때를 장로교를 저버린 때라고 일컫고 있습니다. 그곳에서 그가 취한 교회 체제는 독립파(Independent) 혹은 회중파(Congregational)와 더 유사하게 되었다고 말합니다. 그러나 다스리는 장로와 교회 회의에 관한 두 가지 주제 면에서 오웬이 유지했던 원칙들이 있었습니다. 이 원칙들은 그의 회중파주의가 다소 수정된 성격을 지니고 있다는 사실을 증명해 주고 있습니다. 우리는 이후의 몇몇 눈길을 끄는 그의 작품을 통해서 이 사실을 보여 줄 기회를 가지게 될 것입니다.

오늘날의 온건파 장로교도는 비록 오웬의 관점과 동일하다고 우쭐대지는 않을지라도, 그와 회중교도 간의 간격이 넘을 수 없을 정도는 아니라는 사실을 증명해 주고 있는 이 원칙들을 열렬히 지지할 것입니다. 그러나 당시의 초창기 장로교도들은 대체로 오늘날의 장로교도들보다 훨씬 더 지나쳤습니다. 그러하기에 우리는 오웬이 장로교도들의 노선을 따르지 않고 거절했다는 사실을 그의 영예 중 결코 작은 부분으로 생각해서는 안 됩니다.

이것은 우리가 당시 장로교도에 대한 부적절한 혹평의 용어들을 공감하기 때문이 아닙니다. 사실 그들이 잠깐 동안이나마 지배력을 행사하는 동안 그들은 영국을 위해 많은 것을 이루어 냈습니다. 우리는 웨스트민스터 신앙고백이나 교리문답과 같은 숭고한 교리 선언문들을 가치 있게 여기는 만큼 장로교도들에게 고마워해야 합니다. 그들은 이러한 교리 선언문을 작성함에 있어 심사숙고하면서 진심을 실어 탁월하게 그 역할을 감당했습니다.

다른 교파의 박식하고 정직한 사람들도 장로교 목사와 장로교 정치 아래 놓여 있던 영국의 교구들이 기독교적 지성과 경건함에 있어 괄목할 만한 진보를 보였다는 사실을 인정하는 데 주저하지 않을 것입니다. 그들이 크롬웰을 반대하기 위해 채택했고, 종종 자유에 적대적인 결과를 초래했다고 간주하는 많은 방책들은 사실상 그들의 입장에서 입헌 정부를 회복하려는 정직한 노력들이었습니다. 그렇다고 해서 이 특정한 시점에서 그들을 움직였던 편협한 정신을 가벼이 여기거나 부정해서는 안 될 것입니다.

당시에 권력의 자리에 오르면서, 장로교도들은 실행 불가능한 동질화(同質化)의 꿈에 현혹되어 있었습니다. 장로교도였던 백스터조차도 그들이 세속적인 권력의 힘을 얻고자 하는 야심 어린 꿈을 실현하기 위해서 어용금(御用金)[7]을 너무나 당연하게 여기면서 서슴없이 요청했던 사실을 비난하였습니다. 그들은 대중을 동요시키고 있는 끝없는 의견의 다양함과 점점 커져 가는 자유는 제한되지 않은 관용의 위험을 보여 주는 증거라고 간주했습니다. 그리고 그들은 이처럼 조화를 이루지 못하는 가운데서 진리는 분별되지 않을 뿐만 아니라, 급기야는 이 지구상에서 진리가 소멸되고 있음이 틀림없다고까지 생각했습니다.

그러는 사이에 오웬의 마음은 이처럼 편협한 관점에서 벗어나 상당히 앞서 나가고 있었고, 그와 같은 상상의 두려움 너머로 비상(飛上)하고 있었습니다. 그는 진리의 생명력에 대한 무한한 확신, 즉 진리 자체가 가진 영적 무기의 힘과, 그 외의 다른 모든 것들은 절대적으로 무력하다는 확신을 가지고 있었습니다. 지금까지 오웬과 함께했던 그토록 많은 사람들이 빛과 어둠이 뒤섞인 가운데서도 오직 밤이 다가오고 있는 것만 보았던 반면, 그는 그 안에서 앞으로 완전한 대낮으로 바뀔 소망 어린, 한 가닥 희미한 불빛에 환호하고 있었습니다.

의회 앞에서 한 설교에서 그의 설교의 첫머리를 열었던 책, 『교회 정치의 실행을 위한 국가 소론』(*Country essay for the practice of church government*)에서 그는 모든 강제적인 동질화와 이단적인 의견을 칼로 벌하는

7. 역자주 – 1066년 이후에 국왕이 신하나 국민으로부터 받은 헌금입니다.

것을 반복적으로 정죄하고 있습니다. 그는 다음과 같이 말하고 있습니다.

"이단은 병폐입니다. 이단은 영적인 것이기에 영적인 방법으로 방지하도록 합시다. 사람들의 머리를 자르는 것은 전혀 적절한 치료책이 아닙니다."

오웬이 당시 관용성이 없고 혐오감을 일으키는 장로교를 저버릴 수밖에 없었다는 사실은 조금도 놀라워할 만한 것이 아니었습니다. 그러나 그가 장로교 교회 정치 형태의 본질적이고 뚜렷이 구별되는 원칙들로부터도 위와 동일하게 거리를 두고 물러났다는 사실은 많은 사람들이 더욱 믿기 어려운 진술입니다.

동시에, 코게쉘에서의 오웬의 교회 정치가 확고한 회중파 교회였다는 사실에는 어떤 의심의 여지도 없습니다. 그리고 만약 이 교회가 오웬이 다음으로 출간한 책에서 말하고 있는 충고와 어느 정도 상응한다면, '나는 대부분의 독립 교회가 훌륭하게 성도들의 진지한 경건과 훈련을 돌보고 있는 모습을 보았다' 라고 말한 백스터의 영광스러운 간증에서 암시하고 있는 교회들 중의 하나로 오웬의 교회가 현저하게 돋보일 것임은 틀림없습니다.

이 책이 『에스골; 또는 복음의 명령에 따라 성도들이 한 공동체로 걷는 지침의 규칙들』(*Eshcol; or, Rules of Direction for the Walking of the Saints in Fellowship according to the order of the Gospel*, 1647)입니다. 그 규칙들은 목회자들에 대한 성도들의 임무와 성도들이 서로에 대해 가지는 임무들을 구체화시켜 두 부분으로 정리하고 있습니다. 이것은 교회 체제에 관한 논쟁에서 벗어나 사람들에게 복음 안에서 공동체로부터 비롯되는 의무들을 진지하고 겸손하게 수행하도록 상기시키고자 고안된 것입니다. 거룩한 지혜의 내용들 가운데서 오웬이 회중파인지, 아니면 장로교도인지를 밝혀내는 일은 아마도 불가능할 것입니다.

제한된 속죄를 변호하다

『에스골』은 목회자로서의 오웬이 기술한 작품입니다. 이듬해에 그는 오랫동안 은밀하게 집필했던 작품인 『그리스도의 죽음 안에서의 죽음의 종식』(*Salus Electorum, Sanguis Iesu or, the Death of Death in the Death of Christ*) 에서 다시 한 번 신학자요 기독교 논쟁가로서의 자신을 드러냅니다. 이 위대한 책의 주제는 그리스도가 죽으신 죽음의 본질과 넓이로서, 특별히 넓이라는 주제에 대한 알미니안주의의 의견을 함께 언급하고 있습니다. 이 책은 오웬을 코게쉘에 소개해 주었던 훌륭한 후원자인 월윅의 백작에게 헌정되었습니다. 두 명의 장로교 성직자들[8]은 '알미니안주의의 썩은 집을, 그 집을 지탱하고 있던 기둥을 무너뜨림으로써 블레셋 사람들의 머리 위에 헐어 버린 책' 이라고 열렬하게 추천했습니다.

오웬 자신도 헤아릴 수 없이 많은 연구와 오랫동안의 묵상을 이 책에 쏟아부었다는 사실을 전혀 감추지 않았습니다. 그는 전후 시대를 통틀어 진리에 반(反)하는 저자들의 모든 작품들을 진지하게 숙독하면서 7년 이상 심도 있게 연구한 후에 이 책을 세상에 내놓았습니다. 따라서 오웬이 다음과 같은 말로 독자들에게 진지한 숙독을 답례로 요구하는 것은 전혀 비상식적이지 않습니다.

'독자 여러분, 만약 여러분이 이 위선적인 시대의 많은 사람들처럼 표지나 표제만 훑어보는 사람이요, 마치 극장에 들어가는 카토(Cato)처럼 다시 나오기 위해 책 안으로 들어가는 사람이라면 이미 즐거움은 다 맛본 것이나 다름없습니다. 안녕히 가십시오.'

오웬의 지적(知的) 탁월함은 이 작품 안에서 위대한 광채를 발하고 있습니

---

8. 이들의 이름은 스탠리 고우어(Stanley Gower)와 리차드 바이필드(Richard Byfield)입니다.

다. 그의 '포괄적인 이해력과 고양된 관점'은 각 부분에 대한 매우 끈기 있고 면밀한 연구와 결합하여 다양한 관계에서뿐 아니라 종속적인 관계 안에서도 그 주제를 바라보게 합니다. '지적인 힘'은 훼방적인 궤변과 함정을 꿰뚫고 그 길을 즐겁고 명확하게 합니다. 또한 '판단의 사려 깊음'은 심지어 그의 논쟁적인 글에서조차 종종 하늘에 속한 영의 임재와 능력을 명확히 드러내고, '간결하고 풍성한 지혜의 말들'이 스스로를 표현하고 있기 때문에 즐겁게 책을 읽고 저자로 인해 하나님을 찬양하게 합니다.[9]

오웬은 단지 그의 주제를 살짝 건드린 것이 아니라, 설령 이따금 보기 흉한 몸짓으로 보일지라도 코끼리처럼 무게 있고 굳건한 발걸음으로 샅샅이 여행을 한 것입니다. 다른 어떤 작가들보다도 그는 독자가 주제의 끝에 다다랐을 때 그 주제를 철저히 검토했다고 느끼게 해 줄 것입니다.

이 논문의 각 부분은 구속사에서 성부와 성자, 그리고 성령의 영광스러운 연합과 협력을 나타내고, 많은 자녀들을 영광으로 이끄는 길을 전혀 오류 없이 보장하는 하나님의 계획의 일부로서 그리스도의 죽으심을 기술하고 있습니다. 그는 또한 위트시우스(Witsius)[10]의 유사한 논문마저 뒤쳐지게 만드는 압도적인 논쟁과 계시에 정통한 내용을 이 책에서 보여 주고 있습니다.

현대의 많은 칼빈주의자들은 사실 그가 이렇게 진리를 세워 가는 동안 전

---

9. 고우어의 입증.

10. 역자주 – 헤르만 위트시우스(Hermann Witsius, 1636–1708). 네덜란드의 신학자로 노스홀란드의 앵퀴센(Enkhuysen)에서 태어났고, 그로닝겐(Groningen), 레이덴(Leiden)과 위트레흐트(Utrecht)에서 수학했습니다. 성직자로 임명되어 1656년에 웨스트우드(Westwoud)의 목회자가 되었고, 후에는 월미렌(Wormeren), 고센(Goesen)과 리우워덴(Leeuwaarden)에서 사역을 했습니다. 그리고 1675년에 프라네커(Franeker)에서, 그리고 1680년에는 위트레흐트에서 신학 대학 교수가 되었습니다. 1698년 레이덴으로 건너가 프리드리히 스팬하임(Friedrich Spanheim)의 후임자가 되었고, 1708년 10월 22일에 사망했습니다.

체 진리를 다 확립했는가 하는 의구심을 표명하기도 했습니다. 이 책에 좀 더 특별한 계획들을 덧붙이고 그것들과 조화를 이루면서 이 책이 복음의 전 우주적인 부르심을 위한 넓고 풍성한 기초를 놓는 하나님의 공의를 충족시켰다는 사실을 보여 주었다면, 그의 대작(大作)으로서의 이 책이 그리스도의 죽음과 관련된 성경의 가르침을 보다 더 완전하게 드러낼 수 있지 않았을까를 묻게 됩니다.

그리스도께서 오직 선택받은 사람들만을 위해 죽으셨다는 사실을 입증하는 것이 이 책의 위대한 목적이라는 것은 진정한 사실입니다. 그러나 동일한 관점을 고수하는 이들이라 말할 수 있는 모든 칼빈주의자들조차 마찬가지로, 오웬도 그리스도의 희생이 가지는 내적 완벽함과 충족성을 옹호하고 있습니다. 이러한 부분들은 오웬이 가장 자유주의적인 칼빈주의자들조차 조심해서 사용해야 할 만큼 강하고 명쾌한 방식으로 복음의 무차별적 초대의 근거를 제공하고 있습니다.

이 위대한 작품은 많은 논쟁을 불러일으켰습니다. 리챠드 백스터가 그의 날카로운 눈으로 오웬을 향해 얼굴을 돌리고, 급기야는 이 두 위대한 청교도들을 서로 견주도록 이끈 계기가 바로 이 첫 번째 작품 때문이었다는 사실은 특별히 인지할 가치가 있습니다.[11]

---

11. 이 논문은 많은 논쟁을 거치면서 연장되었습니다. 특별히 백스터의 편에서는 『칭의에 관한 경구』(*Aphorisma on Justification*)의 색인에서, 『믿음의 고백』(*Confession of Faith*)에서, 그리고 『성례의 권리에 관한 다섯 가지 논쟁』(*Five Disputations of Right to the Sacraments*)에서 그러했고, 오웬의 편에서는 소논문인, 『그리스도의 죽음에 관하여』(*Of the Death of Christ*)에서와 『복음의 옹호』(*Vindiciae Evangelicae*)의 결말 부분에서 그러했습니다. 논쟁의 과정에서, 그리스도의 죽음이 '동일 지불(Solutio ejusdem : 인간이 지불해야 할 것과 동일한 채무를 지불하는 것)' 이었는가, 아니면 단지 '등가 지불(Tantundem : 인간이 지불해야 할 채무만큼 지불하는 것)' 이었는가 하는 문제와 같이 다양한 전문 용어적 구분이 소개되었습니다. 당시 이 신학적 논쟁에서 종종 이와 같

은 유사한 학문적인 용어들은 『후디브라스』(*Hudibras*)를 쓴 저자의 귀를 솔깃하게 했고 이따금 그로 아래와 같이 비아냥거릴 구실을 제공하기도 했습니다.

"질문이 무엇인지를 우선 말해 보면, 어떤 것이 더 좋고 어떤 것이 더 나쁜가, 교회 회의(synod)인가 아니면 난폭꾼들(Bears)인가? 나는 난폭꾼들이 가장 나쁘다고 솔직히 인정하는데 당신은 그것을 교회 회의라고 생각하는가? 그러나 당신의 주장을 훌륭하게 만들려면 당신은 이 두 가지가 실은 하나라고 말해야 하네. 그렇다면, 나쁜 것이 없네. 왜냐하면 만약 동일한 것(idem)이라면 그것이 어찌하여 등가 지불이 탕감을 받게 했는가(tantundem dat tantidem)."

제4장

무리의 주목을 끌다

In The public Eye

다사다난했던 불안한 세월들이 대지 위를 스쳐 지나고 있었습니다. 이 대지 위에서는 특권과 대중의 권리 간의 오랜 싸움이 여러 차례 성공을 거두며 계속 치러지고 있었습니다. 마침내 1648년, 오웬은 거의 그의 집 문턱에까지 다다른 전쟁을 목도하게 되었습니다.

에식스에 갑자기 등극한 찰스의 친구들은 콜체스터(Cochester)를 장악한 후, 에식스를 돌보도록 그곳으로 파견된 의회 위원들을 감옥에 가두었습니다. 그 때문에 의회 세력의 지도자인 페어펙스(Fairfax) 장군은 콜체스터를 탈환하고 의원들을 구출하기 위해 거의 10주 동안 그 성벽 앞에서 계속 치열한 포위 공격을 가했습니다.

그곳으로부터 얼마 떨어지지 않은 코게쉘은 페어펙스 장군의 본부로 정해졌습니다. 이로 인해 장군과 오웬이 교류하게 되었는 바 이는 오랜 우정의 토대가 됩니다. 이후에 이 우정은 결코 작지 않은 열매를 맺게 됩니다. 오웬 자신을 직접 '위험에 처한 목격자' 로 묘사하고 있는 10주간의 포위 공격이 마감될 즈음, 그는 두 편의 설교를 전했습니다. 그중 한 편은 추수감사절에 콜체스터의 군대에게 항복할 것을 권하는 설교였고, 다른 한 편은 럼포드(Rumford)에서 의회 위원들에게 전했던 그들의 석방에 관한 설교였습니다. 후에 이 설교들은 하박국서 1장 1-9절의 말씀에 관한 하나의 강해서로 출판되었습니다.

† 찰스 1세의 처형에 뒤이어 한 설교

오웬은 그로부터 몇 달 후에 말할 수 없이 비난을 살 만한 환경에서 직무를 수행하게 됩니다. 곧 찰스 1세가 역적이요 폭군이며 살인자라는 죄명으로 최고 법정에서 재판을 받았습니다. 그리고 사형이라는 중엄한 판결 아래 1649년 1월 30일, 화이트홀 성문 앞에서 참수되었습니다. 이렇게 끔찍한 형집행이 있은 다음 날, 오웬은 명령을 받고 의회 앞에서 설교를 한 것입니다. 그의 의지와 상관없이 감당해야 했던 이 위험한 직무는 그의 공적인 생애에서 가장 비난받는 일 중의 하나가 되었습니다.

그의 '하나님의 보호하심으로써 북돋워지는 의로운 열심(Righteous Zeal Encouraged By Divine Protection)'이라는 제목의 설교는 다음의 예레미야서를 본문으로 하였습니다. "내가 너로 이 백성 앞에 견고한 놋 성벽이 되게 하리니, 그들이 너를 칠찌라도 이기지 못할 것은 내가 너와 함께하여 너를 구하여 건짐이니라. 여호와의 말이니라"(렘 15:20). 이는 최근 사건에 관해 명백하게 논할 수 있는 풍성한 기회를 제공해 주는 본문이었습니다.

그러나 오웬이 시종일관 체계적이고 주의 깊게 일반적인 진술에만 자신을 제한했다는 사실은 주목할 만합니다. 다음의 양 날이 선 문장에는 의심할 바 없이 당시 모든 사람들의 마음을 가득 채우고 있었던 사건에 대한 가장 명백한 암시가 들어 있습니다. "'저희에게 왕을 주옵소서' 라고 부르짖는 자들에게 하나님은 분노하시며 왕을 주실 수 있고, '왕을 데려가십시오' 라고 부르짖는 자들로부터 하나님은 진노하시며 왕을 데려가실 수 있습니다."

오웬의 이와 같은 경직된 침묵이 지금에 이르기까지 이기적이고 겁에 질린 바 우물쭈물한 행동이었다는 비난은 피할 수 없습니다. 손에 성경을 들고 메리 여왕에게 설교를 하고 있는 존 낙스(John Knox)와, 왕들을 질책했던 다른 단호한 장로교도들의 그림을 직접 그린 것으로 눈부시게 빛나고 있는 스코틀랜드의 한 저명한 역사가도 만약 그들이 오웬의 자리에 있었다면 '설사 그들의 머리에 있는 모든 머리카락들이 그의 가슴에 창으로 꽂힌다 하더라도' 두려움 없는 충절로 그 위풍당당한 의원들에게 설교를 했을 것이라고 상상할 정도였습니다.[1]

그러나 그렇게만 생각하는 것은 너무 가혹한 처사가 아닐까요? 모든 가능성으로 미루어 볼 때, 오웬에게 이 예배를 요구했던 사람들은 오히려 위와 반대되는 이유에서 오웬을 비난했던 것으로 보입니다. 이들은 이 유명하고 오점 없는 명망을 가진 신학자가, 그들이 곤경에 처한 이때에 그 사실을 모호한 태도로 묵인함으로써, 불길한 침묵이 가져다줄 파장 이상의 어떤 것으로 그들의 과격한 행동의 울타리가 되어 주기를 바랐던 것입니다.

어쨌든 그의 다소 모호한 듯한 태도를 단지 소심함 탓으로 돌리는 것은 그가 찰스의 파멸을 어떻게 해 볼 수 없는 범죄의 행동으로 간주하고 있다는 사실을 가정하게 합니다. 정말 이것이 오웬에 대한 어쩔 수 없는 판단일까요? 찰스를 단두대로 가게 만든 당이 헌법의 조항을 어겼다고 믿는 반면, 또한 군주로서의 전 생애가 자신을 반대하는 자들을 대적하기 위한 하나의 긴

---

1. 맥크리(M'cCrie)의 『논집』(*Miscellaneous Works*), p. 502.

음모였고, 폭력과 배신의 14년 내내 대중의 자유를 무너뜨린 폐허 위에 전제정치를 세우는 것이 목표였던 사람을 의롭게 벌한 것이라고 믿었을지도 모른다는 가정도 분명히 가능합니다.

어쩌면 오웬은 왕권에 반역하는 것이 대역죄이듯이 헌법에 반역하는 것도 대역죄요 충분히 죄인으로 볼 수 있다고 생각했는지도 모릅니다. 왕이 법에 의한 모든 통치를 거절한 곳에서 그는 더 이상 무책임함을 면하는 피난처에 안주할 자격이 없다고 생각했을 것입니다. 그렇게 해서 오랫동안 참아 보려고 했던 인내의 최후 수단, 즉 한 사람을 죽일 것인가, 아니면 수백만 명을 죽일 것인가 하는 질문에 대한 해결책으로 찰스의 죽음을 바라보았을지도 모릅니다.

이 모든 것이 실제 오웬의 생각이었는지를 우리는 알 수는 없습니다. 그러나 그 중요한 시기를 살았던 가장 순수하고 고상한 정신을 소유했던 몇몇 사람들의 생각도 이와 같았다는 사실은 매우 잘 알려져 있습니다. 만약 오웬이 이러한 행위를 주저하는 마음이 있었다 하더라도, 오웬 자신이 '하룻밤에 났다가 하룻밤에 말라 버린 요나의 박넝쿨과 같다'[2]고 묘사한 이 복잡한 시국에서 신중을 기하기 위해서뿐만 아니라 또한 정직함을 위해서도 침묵은 특별히 요구되었을 것이기 때문입니다.

관용을 지지하다

이 설교에서 오웬이 취한 행동을 사람들이 어떻게 생각하든지 간에, 설교에 첨부하여 의회에 헌정한 『관용에 관한 논설』(*Discourse on Toleration*)을 이 위대한 청교도의 공적 생애에서 가장 영예스러운 것 중의 하나로 보지

---

2. 욘 4:6-11 참고.

않을 수는 없습니다. 이 소론에 전개되는 논지는 본질상 사람의 어떤 생각에서가 아니라 사회 질서를 어지럽히는 경우를 제외하고는 정부가 교회의 잘못을 벌할 수 없다는 원칙을 옹호하는 것입니다.

종교의 자유의 초석이 되는 이 위대한 원칙을 어떤 의미에서 오웬이나 그가 속했던 교회들이 발견했다고 주장할 수 있을 것입니다. 하지만 이러한 주장은 의견이 분분한 역사 속에 까맣게 잊혀졌던 낯선 것을 펼쳐 보이는 것과 같습니다. 심지어 츠빙글리(Zwingli)와 같은 가장 초기의 몇몇 종교개혁자들의 글에서조차 오웬이 선언하고 있는 것과 동일한 모든 분명함과 힘으로 이 원칙을 천명하며 옹호하고 있음을 발견할 수 있기 때문입니다.

또한 로버츤(Robertson) 학장은 네덜란드의 장로교가 개혁주의 교회 중에서 가장 먼저 공식적으로 이 교리를 인정했고, 이것을 권위 있는 문서로 구현하고 옹호했다고 만족스럽게 증명했습니다. 영국 피난민들이 처음으로 신앙의 자유에 관한 참된 원칙을 배워 그 귀한 요소를 그들의 조국으로 가져갈 수 있게 해 주었던 곳이 바로 네덜란드의 따뜻한 해변이요, 네덜란드 교회의 가슴이었다는 사실은 단순한 억측이 아니기 때문입니다.

이러한 원칙들을 강하게 고수했다는 면에서 오웬과 그의 교파가 굉장히 시대를 앞서 가고 있었다고 말할 수 있을 것입니다. 그리고 그들의 교파가 약하고 박해받는 무리였을 때와 마찬가지로 권력에 올랐을 때도 동일하게 신앙의 자유에 대한 열심이 특별했다는 면에서 그들은 유례없는 칭송을 받았습니다.

오웬이 이 중대한 문제에 관해 그의 생각을 표명했던 이 예사롭지 않은 시점을 생각해 봅시다. 그리고 그 당시 정치 지도자들과 우국지사들이 그에게 보여 준 존경뿐 아니라 그가 오랫동안 주요하게 광채를 내는 사람이요, 지배적인 정신이었던 그 위대한 교파에 그가 미쳤던 영향력을 생각해 봅시다. 그러할 때 우리는 제레미 테일러(Jeremy Taylor)와 밀톤(Milton), 밴(Vane)과 로크의 이름을 거론하면서, '하나님의 도우심으로 인해 결코 꺼지지 않을' 그 불꽃을 영국에 직접 불붙이지는 않았더라도, 그 불꽃을 불러일으키고 소생시키는 것을 도왔던 가장 중요한 인물 중의 한 사람으로 죤 오웬의 이름을 잊어서는 안 된다는 사실에 동의하게 될 것입니다.

대중의 마음이 융해되기 쉽고 민감했던 때에 자신의 생각을 그들에게 넓게 퍼뜨렸다는 면에서, 이러한 사람들은 양심의 권리에 관한 스승이요 종교의 자유의 원칙들을 공기 중의 빛처럼 영국에 익숙하고 편만하며 유익한 것이 되도록 만드는 데 기여한 사람들이라 할 수 있습니다.

† 크롬웰과의 만남

4월 19일에 오웬은 한 번 더 의회 앞에서 설교하도록 초빙되었습니다. 이곳에는 군부의 수장들도 참석했습니다. 여기서 오웬은 '하늘과 땅의 진동에 관하여' (히 12:27)라는 유명한 설교를 전했습니다.

올리버 크롬웰도 참석했는데, 그는 이곳에서 처음으로 오웬의 설교를 듣게 됩니다. 크롬웰은 그 설교가 끝나기도 전에 바로 다음날 만날 기회를 가지자고 제의하였습니다.

최근 콜체스터에서의 교제를 기억하며 페어펙스 장군에게 경의를 표하기 위해 그의 집으로 초청받은 오웬은 그곳의 하인들로부터 장군의 심기가 아주 불편하여 이미 여러 고위급 인사의 방문을 거절했다는 사실을 전해 들었습니다. 그럼에도 이 코게쉘의 목회자가 그의 이름으로 전갈을 보내고 기다리고 있는 동안 크롬웰과 다른 많은 장관들이 방으로 들어갔습니다.

그때 크롬웰은 오웬의 크고 당당한 체구 때문에 바로 어제 매우 큰 기쁨으로 설교를 들었던 그 설교자임을 알아보았습니다. 그는 오웬의 어깨에 손을 얹고는 “경, 당신은 내가 꼭 알고 지내야 할 사람 같습니다”라고 친근하게 말했습니다. 이에 오웬은 “그렇게 된다면 오히려 저에게 더 큰 영광입니다”라고 겸손하게 대답했습니다.

또한 크롬웰은 “곧 그렇게 될 것입니다”라는 말로 답변했습니다. 그러고는 오웬의 손을 잡고 그를 정원으로 데려간 뒤, 그가 아일랜드로 떠날 계획임을 오웬에게 알려 주었습니다. 크롬웰은 오웬이 그의 담당 목사로서 자신과 동행하면서 더블린 대학의 상황을 조사하고 질서를 바로잡는 데도 도움을 주었으면 좋겠다고 말했습니다.

이러한 예상치 못했던 제안에 오웬은 코게쉘에 있는 그의 교회의 필요를 이유로 들며 정중하게 거절했습니다. 그러나 크롬웰은 그가 몹시 사랑하는 막내 동생을 같은 부대의 기수(旗手)[3]로 데려갈 것을 상기시키면서 그의 거절을 받아들이지 않았습니다. 그는 심지어 코게쉘의 교회에 동의를 촉구하는 편지를 보내기도 했습니다.

교회 성도들이 그와 떨어져 있는 것을 그들의 목회자보다 훨씬 더 싫어하자, 크롬웰은 간청에서 명령으로 태도를 바꾸어 대응했습니다. 결국 오웬은 상담을 받았던 특정 성직자들의 조언을 따라 항해를 준비하는 것으로 마음을 돌이켰습니다. 이러한 결정이 내려지고 아일랜드로 떠나기 전, 오웬은 한 번 더 국가 관리들과 하원 앞에서 평등주의자들의 파멸에 관하여 설교[4]하였습니다.

---

3. 역자주 – 기수(standard-bearer)는 군대에서 스스로 솔선수범함으로써 신뢰와 정직함을 조성하여 직업군인의 책무를 실천하고 수호하며, 중요한 군의 전통을 보존하고 후배들에게 전수하는 일을 맡았습니다.

4. 이 설교의 제목은 '좌절된 인간의 능력'(시 76:5)이었습니다.

8월 중순경에 이 군대는 아일랜드로 출항할 준비를 마쳤습니다. 출항 전날에 역사상 그 유례를 거의 찾아볼 수 없는 특징적인 장면이 연출되었습니다. 곧 그들이 온종일 금식과 기도에 전념한 것입니다. 세 명의 성직자가 돌아가면서– 그중에 오웬이 있었다는 사실은 의심할 여지가 없습니다 – 하나님의 보호하심과 복 주심을 엄숙하게 구했습니다. 그 후에 크롬웰은 고우(Gough) 대령과 해리슨(Harrison) 대령과 함께 성경의 적절한 본문을 상세히 해석했습니다.

전 군대를 통틀어 욕하는 소리는 전혀 들을 수 없었고, 1만 2천 명의 군사들은 그들의 여가 시간에 성경을 읽거나 시편을 노래하거나 신앙 모임을 가졌습니다. 승리가 확실해 보이는 이 놀라운 군대는 늠름한 모습으로 훈련을 받았습니다. 이 군사들은 로마 시민으로서의 미덕을 갖춘 고대 로마인들의 용기를 아울러 겸비하고 있었고, 십자군의 가장 거친 열광으로 불타오르고 있었습니다. 그 기세는 가장 맹렬한 열심을 가장 엄격한 훈련으로 연합하고 있는 모습과 기계적 정확함으로 승리를 향해 나아가고 있는 모습으로 묘사할 수 있을 것입니다.

군대 조직에서는 거의 볼 수 없는 모습들이 이곳에서 나타나고 있었습니다. 칼라일(Carlyle)은 그의 저서 『크롬웰』(*Cromwell*)에서 '독자는 이 모든 것을 광기로 보는가? 광기는 언제나 인간의 삶에서 가장 높은 지혜와 가까이 있다. 그러나 이것은 광기가 아니다! 이 어둠의 요소, 이것은 빛과 찬란함의 어머니이다. 이것이 바로 그것이다!' 라고 하면서, 이 군대에 대한 소감을 표현했습니다.

아일랜드

급박하고 끔찍한 전투를 치른 크롬웰의 여정을 따라가는 것은 결코 우리의 할 일이 아닙니다. 그럼에도 잠깐 살펴보자면, 이 전투에서 그는 '토르(Thor)[5]의 망치' 처럼 아일랜드를 습격했고, 전에 드로게다(Drogheda)의 성벽을 향해 그러했듯이, 적을 거의 전멸시키는 무시무시한 공격을 몇 차례 가함으로써 더 약하고 주저할 때보다 오히려 많은 피를 흘리지 않은 가운데 아일랜드의 수비대 전역을 공포에 떨게 했습니다.

아일랜드에서의 그의 정책은 다음의 두 가지 상황으로 설명됩니다. 먼저 그것은 수백만 명 이상의 개신교도들이 흘린 무고한 피에 대한 보복을 위해 정의로우신 하나님의 도구로 보내졌다는 인상을 주는 것입니다. 그리고 이제 어린아이에 불과한 공화당의 존재를 위협하는 반란을 제압하는 가운데, '철권 정치' 가 전혀 우호적이지는 않을지라도 가장 자비로운 정치 형태이며, 비록 보복이 더 지연되기는 하겠지만 더 넓게 보복해야 할 필요를 없애 줄 것이라는 확신을 심어 주는 것이었습니다.

자, 우리의 초점을 다시 오웬에게 맞춰 보겠습니다. 그사이 오웬은 더블린의 쾌적한 건물에서 대학의 상황을 조사하고 그 확장 여부와 효율을 연구하는 일에 등용되었습니다. 뿐만 아니라 그가 이제껏 대화를 나누어 보았던 그 어떤 사람들보다 '복음에 목말라 있는 수많은 군중' 에게 말씀을 전하고 있었습니다. 그의 설교는 헛되지 않았습니다. 이러한 가운데서도 오웬은 의회에 보고서를 제출함으로써 거의 반쯤 망한 상태의 대학을 회복할 수 있는 방책을 이끌어 냈고, 그 일을 수행하기 위한 가장 가치 있는 몇 가지 특권을 부여받게 되었습니다.

9개월의 여정 동안, 아일랜드에서의 활약이 소나기 뒤에 잇따르는 번개처럼 무시무시하긴 했지만 좋은 결과를 만들어 낸 크롬웰은 1650년 5월에 영

---

5. 역자주 – 우레, 비, 농업의 신입니다.

국 의회와 국민들로부터 치하(致賀)를 받으며 돌아왔습니다. 그리고 곧 공화당 군대의 최고 사령관으로 임명되었습니다. '아일랜드의 모든 성곽 마을마다 복음을 전할 수 있는 설교자가 단 한 명도 없다' 는 사실에 통탄해하며,[6] 오웬도 코게쉘의 반갑게 맞아 주는 양 무리에게로 돌아왔습니다.

스코틀랜드

그러나 그가 즐기려 했던 해방의 시간은 짧았습니다. 크롬웰이 아일랜드에서 돌아오기가 무섭게 스코틀랜드 정부는 그를 필요로 하였습니다. 스튜어트(Stuart) 왕조의 전제 정치와 더 혹독한 로마의 전제 정치에 저항하기 시작한 이 나라는 거의 만장일치로 찰스의 처형을 비난하며, 지금의 공화당 정부를 질투와 적개심 어린 눈으로 바라보고 있었습니다. 그들은 실제 브레다(Breda)에서 방탕함에 빠져 있는 찰스의 아들을 왕으로 삼으려고 불러들였고, 언약의 노래에 속아 넘어간 채 그를 아버지의 왕좌에 다시 회복시키는 일을 도모하고 있었습니다.

이 모든 상황 가운데서도 크롬웰은 대부분의 스코틀랜드 사람들에게서 정직하고 정의로운 열정을 보았습니다. 그리고 이들의 열정은 본질적으로 그 자신과 궁극적으로 동일한 목표를 가지고 있는 것으로 느꼈습니다. 그러나 그는 그들에게서 자유와 신앙, 그리고 영국의 도덕성을 위협하는 가장 절박한 위험이 있다는 것 역시 동일하게 보았기에 서둘러 스코틀랜드에 공화당의 권력을 주창하여 세우려고 했습니다.

이와 동시에 조셉 카릴(Joseph Caryl)과 죤 오웬을 국목으로 임명하는 명

---

6. 역자주 – 오웬은 아일랜드에서 돌아온 후, 겸손의 날에 의회 앞에서 '약속의 견실함과 망설임의 죄악' (롬 4:20)에 관한 설교를 했습니다.

령이 하원을 통과했습니다. 오웬은 이처럼 두 번째로 자신의 목회 계획에서 멀어진 채 군대 사회에, 그리고 공격과 전쟁의 소란과 살상에 몸을 아끼지 않는 수고를 해야 했습니다.

크롬웰이 이처럼 당대의 위대한 설교자들로 자기 주변을 에워싸게 만든 동기는 그의 성품을 형성시켰던 일반적인 견해에 따라 여러 가지로 제시되고 있습니다. 우리는 먼저 그의 신앙적 열심을 믿기에 그도 다른 신실한 사람들처럼 그들의 설교가 지니는 강력한 매력을 느꼈으리라 생각할 수 있습니다. 또한 신앙적 열심이 두드러진 당대 사람들에게 그가 신앙 세계의 지도자들의 확신과 우정을 즐기고 있다는 사실을 확신케 하려는 나름대로의 적절한 정책이었다고 볼 수도 있습니다.

이러한 이유로 크롬웰은 이후에 화이트홀에서 존 하웨의 존재를 보장하려고 했고, 백스터에 대해 시기하는 무리들을 제압하려 했습니다. 이러한 후자의 동기로 카릴과 오웬을 그와 함께 스코틀랜드로 데려가도록 그들을 설득하는 데 있어서 그 자체로 영향력을 행사했을 것이라는 사실에는 의심의 여지가 없습니다. 더욱이 신학적 논쟁에 대한 그의 모든 열정과 함께 크롬웰이 스코틀랜드 성직자들과 앞으로 가지게 될 토론에서 그들이 분명 제시할 것임에 틀림없는 골디어스의 매듭(Gordian knots)[7]을 풀어야 할 순간에 이 청교도 우두머리들이 그를 도와준다면 그에게 더할 나위 없이 좋을 것이라는 계산도 매우 있음직한 이유입니다.

우리는 스코틀랜드에서의 오웬의 행적을 자세히 추적할 수는 없습니다. 그는 크롬웰과 합류하기 위해 벌윅(Berwick)에 나타났고, 그곳에서 '내 집은 만민의 기도하는 집이라 일컬음이 될 것임이라'(사 56:7)라는 말씀으로

7. 역자주 - 어려운 문제를 비유적으로 이르는 말입니다.

설교를 했습니다. 크롬웰의 편지로 추정해 볼 때, 그는 또한 총회의 선언에 대한 답변을 준비하고 있던 '몇몇 다른 경건한 성직자들' 을 돕고 있었던 것으로 보입니다. 총회 선언문은 크롬웰이 국경을 건너기 전에 이미 그에게 보내졌습니다. 오웬은 또한 뮤셀버러(Musselburgh)에서 라일(Lisle)로 국새(國璽) 의원 중의 한 사람에게 크롬웰의 군대와 '주의를 기울이는' 레슬리 군대와의 작은 접전을 기술하면서 편지를 쓰기도 했습니다.

1650년 9월 3일에는 둔바에서 전투가 있었습니다. 크롬웰은 에딘버러를 장악했으나 성은 여전히 그에 맞서 대항하고 있었고 도시의 성직자들은 그 성벽 안에 피신하고 있었습니다. 그 결과 에딘버러의 설교단이 크롬웰의 설교자들의 수중에 들어왔습니다. 오웬은 성 자일즈(Giles) 교회에서 거듭 설교를 전했습니다. 사람들은 처음에는 놀라움과 질투심으로, 전하는 말씀을 들었습니다. 그러나 군중이 그의 말씀에서 그리스도의 향긋한 향내를 더듬어 찾아내면서 그들의 거부감은 점차 불붙는 감정으로 녹아졌습니다.

많은 사람들은 크롬웰과 에딘버러 성의 사령관 사이에 오갔던 편지에서 오웬의 손길을 볼 수 있을 것입니다. 이 편지들은 총사령관이 성직자들을 나오게 해서 주일에 설교단을 차지하도록 허락해 주겠다는 제안에 관한 것이었습니다. 그러고 나서 칼라일은 편지를 통하여 크롬웰은 "스코틀랜드 성직자들이 성직을 받은 이래 이와 같은 질책을 결코 받아 본 적이 없다"고 말하면서 그들의 다소 의심 섞인 거절에 관하여 스코틀랜드 성직자들에게 답변하고 있습니다. 특별히 '고결한 의미를 담고 있는 중후한 문장들' 로 넘쳐나는 '질문지' 안에는 오웬이 가진 사상과 유난히 유사한 점이 많음을 볼 수 있을 것입니다.

오웬은 크롬웰과 함께 글라스고로 가게 됩니다. 이곳의 오래된 성에서 자커리 보이드(Zachary Boyd)가 총사령관에게 불호령을 내리는 것을 크롬웰은 조용히 인내하며 듣습니다. 그리고 이곳에서 오웬과 스코틀랜드 성직자들 사이에 토론이 열렸는데, 다음의 일화가 이에 관한 이야기를 전해 주고 있습니다.

아직 26세도 채 되지 않은 휴 바이닝(Hugh Binning)이라는 한 젊은 스코틀랜드 성직자는 오웬을 비롯한 영국의 다른 신학자들을 논박하기 위해 철저하게 준비된 논쟁을 벌였습니다. 놀라움 반, 기쁨 반으로 크롬웰은 모임이 끝난 후에 이 대담무쌍한 젊은 청년이 누구인지를 물었습니다. 그의 이름을 듣자마자 크롬웰은 "그는 정말이지 잘 묶었더군요. 하지만……"이라고 말하면서, 그의 손을 검에 올려놓은 채, "이것이 모든 것을 다시 다 풀어 버릴 것입니다"라고 말했습니다.

바이닝의 승리로 끝난 이 토론은 충분히 일어날 수 있는 일이었습니다. 그러나 좋지 않은 말장난과 제 자랑만을 일삼는 위협은 크롬웰다운 것이 아니었고, 이 일은 칼라일이 '탁아소를 제외하고 어디에서도 반복되어서는 안 되는 것들' 이라고 말한 '글라스고에서의 크롬웰에 관한 다른 일화들' 로 치부해도 별문제가 없을 것입니다.

스코틀랜드에서 크롬웰의 전투가 끝나자 크롬웰은 '우스터의 월계수로 만들어진 부귀' 를 얻었고 찰스를 브레다로 내쫓았으며 스코틀랜드를 공화당의 전반적인 통치 아래 돌려놓은 마지막 전투를 치렀습니다. 그리고 오웬은 에섹스에서 책을 읽으며 지내는 조용한 목회 생활로 돌아갈 수 있도록 허락을 받았습니다. 그러나 이 시간은 코게셸과 묶인 끈이 영원히 풀어지기까지 단지 잠깐의 숨 쉴 틈이었을 뿐입니다.

어느 날 아침, 그는 놀랍게도 그날의 신문에서 다음과 같은 기사를 읽게 되었습니다. '1651년 3월 18일, 의회는 퀸스 대학(Queen' s College)의 석사, 죤 오웬의 가치와 유용함에 대해 면밀히 논의하여 그를 레이놀드(Reynolds)

박사의 자리인, 크라이스트처치(Christchurch) 대학의 학장직을 맡도록 명하였다.' 이어서 이러한 임명에 대단히 만족한다는 표현을 담고 있는 크라이스트처치 대학의 학생 대표들로부터의 편지가 뒤따랐습니다.

그러나 이 일 전에 이미 크롬웰은 옥스퍼드의 총장직을 선택해 놓았었습니다. 그래서 이듬해 9월 9일에 크롬웰은 서신으로 오웬을 대학의 부총장으로 지명했습니다. 이렇게 해서 그는 우리가 10년 전에 양심 때문에 추방되어야만 했던 바로 그 위대하고 유서 깊은 배움터의 우두머리 직에 오르게 됩니다.[8]

---

8. 대략 이러한 임명이 있었던 시기에 오웬은 의회 앞에서 빈번히 설교했던 것으로 보입니다. 1651년 10월 24일, 오웬은 우스터에서의 승리를 감사하기 위한 날에 '세상 왕국의 흔들림 안에서 그리스도의 왕국이 갖는 이점' (겔 17:24)이란 제목의 설교를 전했습니다. 그는 또한 1652년 2월 6일, 아일랜드의 장관(Lord-Deputy)이자 크롬웰의 사위인 헨리 아이레튼(Henry Ireton)의 장례식을 치르기 위해 웨스트민스터 수도원에서 다니엘서 12장 13절의 말씀인 '수고한 성도의 안식으로의 해산' 에 대해 설교했습니다. 그리고 한 번 더, 1652년 10월 13일에 다니엘서 7장 15, 16절로부터 그리스도의 왕국과 왕의 능력에 관해 설교했습니다.

제5장

옥스퍼드의 부총장

Vice-Chancellor of Oxford

크라이스트처치 대학의 학장직은 대학의 모든 모임을 관장하고 신학교에서 강의를 하는 임무를 가지는 반면, 옥스퍼드의 부총장직은 사실상 대학의 전반적인 행정을 맡는 것이었습니다.

오웬이 학장직과 부총장직을 받아들인 것에 대하여, 독립 교회 목사로서 모순되는 처사가 아닌가 하는 비난이 종종 있었습니다. 심지어 밀톤의 몇몇 글들은 이러한 비난을 용인하는 증거로 인용되기까지 했습니다. 그러나 이 모든 비난은 실수에서 비롯된 것이었습니다. 공화정 시절의 옥스퍼드 대학교는 다른 많은 학교에 들이닥친 변화들을 함께 겪고 있었기에 이제 더 이상 감독 제도의 부속물 내지 포장물로만 있을 수는 없었습니다.

오웬의 직임은 주교로서의 직무와는 전혀 다른 것으로, 사실상 그 이름 외에는 감독 제도의 그 어떤 특징도 가지고 있지 않았습니다. 학장의 보수가 여전히 초기 시대와 동일한 재원에서 지급되어야 한다는 것은 전적으로 맞는 말이었습니다. 그럼에도 오웬은 많은 독립 교회 사람들과 그 시대의 모든 장로교도들과 마찬가지로 국가 재정으로 목회자들을 지원하는 것에 원칙적으로 반대하지는 않았습니다.

오웬이 옥스퍼드의 직임을 받아들이고 특히 부총장의 높은 자리까지 올라가는 것에 동의하기를 주저했던 것은 다른 이유 때문이었습니다. 이러한 주저함을 모두 떨쳐내기 위해서는 크롬웰의 권위와 의회의 모든 영향력이 필요했습니다. 코게쉘에서 열심을 다해 행복하게 목회했던 나날들로부터 그를 떼어 내는 것은 그가 가진 최고의 사랑과 유달리 마음을 쏟았던 가장 강한 애정을 깨뜨리는 일이었기 때문입니다. 그래서 그들은 아마도 시민전쟁으로 거의 파산 직전이었을 뿐 아니라, 그 사이의 몇 년 동안 어느 정도밖에 회복되지 않은 대학의 운영을 떠맡아야 한다는 한 차원 더 높은 이유들로 부총장의 자리에 서게 할 결심을 하게끔 했을 것입니다.

이 격변의 세월 동안, 배움은 전쟁의 뒷전으로 밀려 거의 잊혀졌습니다. 옥스퍼드는 찰스의 대의를 향해 기사도(騎士道) 이상의 충성으로 그 자체를 내어던졌기에 자금이 유실되고 있었으며 기울어 가는 자산을 회복하기 위해 심지어 쟁반까지 녹이고 있는 실정이었습니다.

그로 인해 시민전쟁이 끝나 갈 즈음에는 의회의 대의가 우세하여 많은 대학과 학교들이 문을 닫았고 어떤 곳은 군수품 창고나 군인들을 위한 막사로 개조되기까지 했습니다. 또한 학생들의 면학 분위기는 완전히 망가졌고, 대학은 거의 절망적인 막대한 빚을 지고 있었습니다.

이러한 폐해 중 몇몇의 문제들이 부분적으로만 줄어들었을 뿐, 최악의 문제들은 여전히 남아 있었습니다. 뿐만 아니라, 이처럼 원숙한 배움의 자리를 유해한 예술과 문화의 파괴로 간주하는, 한 시끄러운 분파의 시비도 상황을 더욱 악화시켰습니다. 또한 감독 제도의 은밀한 친구들과 독립 교회 사람들을 등용하기 위해 크롬웰에 의해 높은 자리에서 강압적으로 강등된 장로교도들이 오웬에 대해 가지는 시기심뿐 아니라, 왕당파들[1]의 군대로부터 흘러 들어온 방탕함과 반항심이 학생들을 오염시킨 것도 이에 더하여진 문제들이었습니다.

이러한 시기에 지배권을 쥐고 이처럼 다양하고 만만치 않은 어려움과 맞서 겨루면서 이처럼 조화롭지 못한 요소들을 평화롭게 바꾸는 일에는 결코 평범하지 않은 용기가 요구되었을 것이라는 사실을 어렵지 않게 알 수 있습니다. 오웬이 하려고 하는 것이 바로 이러한 일이었습니다. 심지어 오늘날에도 이와 같은 청교도 목사가 어느 정도의 위신과 은혜를 가지고 당시 오웬이 올랐던 고위의 저명한 자리를 차지하려고 마음먹었다면, 초창기의 편견을 없애기 위해서 지대한 정신적 노력이 필요했을 것이라는 사실은 지극히 분명합니다.

『후디브라스』(*Hudibras*)의 저자[2]뿐만 아니라 심지어 클라렌던(Clarendon)과 흄(Hume)마저 청교도들을 풍자하는 글을 썼고, 청교도들이 처음부터 줄곧 정죄하고 인정하지 않았던 무지하고 낭비가 심한 파당 사람들과 동일한 이름으로 청교도들을 교묘히 일치시켜 놓았습니다. 이처럼 이러한 작가들은 너무나 오랫동안 잘 알려진 청교도의 유형들을 허세 부리는 신성함, 박식한 체하는 흑백 논리의 어투와 심술 난 듯한 표정, 그리고 몸가짐이 세련되지 않은 사람들로 그려 왔습니다.

이처럼 무지한 작가들은 청교도들이 설령 전혀 세련되지 않거나 기품은

---

1. 역자주 – 찰스 1세를 지지하는 사람들입니다.

2. 역자주 – 그 저자는 사무엘 버틀러(Samuel Butler, 1612–1680)로서 이 작품은 영어 풍자시의 백미이며, 인신공격이 아니라 사상에 대한 공격으로 성공을 거둔 최초의 영어 풍자시입니다. 이 작품의 공격 대상은 호전적인 청교도의 광신, 자기 과시, 지적 오만, 위선 등이며 이러한 극단적인 상태를 내보이는 것은 어느 것이든 가차 없이 그의 공격 대상이 되었습니다.

없다 할지라도, 그들은 이들이 옥스퍼드와 캠브리지에서 훈련을 받았다는 사실은 이들에 대한 평가에 있어서 필연적으로 그들의 학교에까지 미칠 수밖에 없다는 사실을 잊고 있었던 것입니다. 뿐만 아니라 그들은 '체질적으로 육신이 약하고, 세상에서 이름 없이 생을 마감한 사람들보다, 후세에 유산을 남겨 준 사람들로부터 종교 분파와 관련된 판단을 내리는 것이 훨씬 더 합당하고 더 일반적이다' 라는 자명한 사실을 잊고 있었던 것입니다.

그러나 청교도 성직자들 가운데서도 외적인 품위와 세련됨으로 왕들 앞에 설 수 있는 선도적인 사람들도 있었다는 사실은 주목할 만합니다. 예를 들어 고결한 태생과의 교류로 한층 더 우아해진 존 하웨의 타고난 위엄과 탁월하게 빛나는 외모는 심지어 그의 초상화에도 어려 있을 정도입니다. 또한 왕자들의 놀이 친구였던 필립 헨리(Philip Henry)는 그의 시골 교구에서 '돈 주고 살 수 없는 생명의 은혜' 를 지니게 되었고, 이로 인해 그의 매우 엄격한 품성에도 불구하고 품위 있는 가문들도 그를 매력적으로 보았습니다.

그뿐 아니라 리챠드 백스터는 매튜 해일(Matthew Hale) 경의 선택받은 동료였습니다. 그리고 청교도주의 편인 사람들의 일반적인 생각과 전적으로 반대되게도, 오웬이 공적인 생애를 시작할 때조차도 백스터에게는 은둔자의 괴상하고도 볼품없이 현학자인 체하는 모습은 전혀 없이 아주 견고한 품성에 정중함과 품위의 모든 밝은 은총들을 결합하고 있었습니다. 그와 동시대를 살았던 한 사람은 그에 대하여 '전반적으로 온화하고, 언제든지 마음을 열고 기꺼이 대화에 응하며, 자유롭고 은혜로우며 예의 바른 사람이었는데, 이것은 분명 그가 어떤 직위에 있든 대부분의 성직자들보다 신사답다는 사실을 말해 준다' 라고 기술하고 있습니다.

도드웰(Dodwell)은 '그의 인물 됨은 참되고 훌륭했으며, 그는 설교단에서 매우 은혜롭게 처신했고 유창한 웅변과 매력적이고 환심을 사는 행동거지를 보여 주었으며, 몇몇 다른 외적인 장점과 결합된 그의 웅변적인 설득으로 거의 그의 뜻대로 청중의 감정을 사로잡을 수 있었다' 라고 말했습니다.[3]

대학 지도자들에게 한, 오웬의 연설

오웬이 떨리는 손으로, 하지만 온 힘을 다하여 그에게 맡겨진 고귀한 직분을 감당하리라고 확고하게 결심하며 옥스퍼드의 지도자 자리를 맡았을 때, 우리는 그가 어떠한 태도로 한자리에 모인 대학의 지도자들에게 연설을 했을지를 상상할 수 있습니다. 오웬은 다음과 같이 말하고 있습니다.

"대학의 모든 관계자 여러분, 저는 여러분께서 그토록 수많은 존엄한 이름들과 존경하는 성직자들, 예술과 과학의 대가(大家)들의 이름을 뒤로 하고, 대학의 운명이 결국 거의 뒷자리에나 앉아야 할 무리에게 맡겨졌다는 사실로 인해 여러분이 얼마나 실망하며 염려하고 있을지를 잘 알고 있습니다.

오랫동안 떨어져 지냈던 저의 '사랑하는 어머니께로' 돌아가는 것을 고단한 직무와 어려운 상황에 대한 서막으로 간주하도록 강요받았기에 저에게도 이 모든 일의 상황이 참으로 유감스럽습니다. 그러나 불평은 결코 위기의 구제책이 될 수 없습니다. 그 위기가 어떤 것이든 간에 진중(鎭重)하면서도 명

---

3. 우드(Wood)의 『아테네 옥스퍼드』(*Athenae Oxonienses*)는 1500년부터 1690년까지 옥스퍼드에서 공부했던 모든 작가들과 주교들에 관한 정확한 역사를 담고 있는 책입니다. 이 부분에 우드 자신이 풍자적으로 묘사한 것을 부언해 보면 다음과 같습니다. '오웬이 그 동일한 직무를 감당하는 동안, 그는 대학에 위엄 있는 본이 되는 대신 모든 형식을 경멸했고, 젊은 학자처럼 분칠한 머리에, 스네이크본(snakebone) 밴드 (또는 아주 커다란 술을 달고 있는 밴드)와 주교 복식의 밴드, 무릎을 부각시키는 아주 큰 리본 한 개를 달고 있었고 아주 크고 긴 목을 가진 스페인 가죽 장화를 신고 있었으며 그의 모자는 대체로 쫑긋 세워져 있었다.'

예를 중시하는 사람이라면 결코 불평하거나 신음하지 않습니다. 무거운 짐 아래에서 용감하게 견뎌 내는 것이 진정한 용기입니다. 그러하기에 희극 시인도 다음과 같이 말하고 있는 것입니다.

'사람의 삶은
탁자에서 벌어지는 게임과 같네.
가장 필요한 패가 던져지지 않으면,
당신은 이 패가 건네 준 기회를
재주껏 수정해야만 한다네.'

안타깝게도 이 학문의 전당은 너무나 오랫동안 폭풍으로 인해 요동했고, 문호로서 좋은 명성을 가지고 연륜과 오랜 경험을 지닌 모든 사람들로부터 버림을 받았었지만, 이제 적절하고 위대한 기대를 불러일으키고 있습니다. 이러한 때에 저는 누구도 그 명령을 반대하지 못하고 용납될 만한 가장 간곡한 탄원도 허사가 될 그분의 불공평함과 저에 대한 너무 과분한 판단 때문에, 또한 이 의회가 동의해 준 찬성표에 의해 부르심을 받았습니다. 따라서 저보다 더 부적합한 사람은 없을 정도로 부족함에도 불구하고 저는 이 지도자의 직분에 섰습니다.

우리 대학의 위신에 몇 번이나, 어떤 방법으로, 얼마나 다양한 의견으로(파벌적인 정신의 결과로써 불화와 비방이 도처에서 일어나고 있습니다), 얼마나 통렬한 울화와 분노가, 어떠한 자만심과 악의가 일고 있는지를 저는 모두 알고 있고 그로 인해 애통하고 있습니다. 우리를 혼란스럽게 만드는 것은 단지 시대의 특성 때문만이 아니라 또 다른 재난이 우리가 세운 학교에 닥쳤기 때문입니다.

이것은 날마다 더욱 뚜렷해지고 있습니다. 다시 말해 신성한 법의 권위와 우리 선조들이 받아 마땅한 존경하는 마음에 대한 멸시, 왕당파들의 경계 어린 시기심, (대학 관계자들은 영원히 강단을 상실했으며 학교 전체적으로 결코 작지 않은 위험에 처한 채) 거의 다 죽어 가는 우리 어머니, 이 대학에 대한 멸시 어린 흐느낌과 눈물들, 그리고 정숙함과 경건함의 모든 경계를 넘어버린 에피쿠로스 학파[4] 사람들의 혐오스러우리만치 뻔뻔스러운 모습과 방탕함에 안타깝게도 너무나 많은 학생들이 빠져 있습니다.

이렇게 모든 것이 흔들리는 상황에서 그토록 위대한 많은 영웅들이 가장 상황이 좋을 때조차 수고했지만 허사였던 이 복잡한 난관을 제가 과연 치료할 수 있을까요? 여러분, 저는 그렇게 자신감이 충만한 사람이 아닙니다. 그토록 뻔뻔스럽게 우쭐대지도 않습니다. 그런 마음이 아주 조금이라도 든다면 저는 제 자신에 대해 아주 유감스러울 것입니다.

저는 지금까지 고향을 떠나서 살아 본 적이 없고, 제 자신을 그렇게 모르지도 않으며, 제가 얼마나 학식과 신중함, 권위와 지혜를 갖추지 못했는지도 모를 만큼 악하게 저의 눈을 사용하지도 않았습니다. 고대 사람들은 루쿨루스(Lucullus)[5]를 타고난 천재로 격찬하고 있습니다. 그는 심지어 일반 병사의 일에서조차도 미숙했지만 별 어려움 없이 노련한 장군이 되었습니다. 그래서 군대는 아무 경험 없는 이 사람을 전술에 통달한 사람으로 받아들였습니다.

여러분, 용기를 가지십시오. 저는 결코 천재가 아닙니다. 도시의 변두리 출신으로, 시끌벅적한 군대에 있다가, 그리고 복음을 위해 가장 먼 섬과 바

---

4. 역자주 – 쾌락주의자입니다.

5. 역자주 – B.C. 110(?)–56. 로마의 집정관으로 큰 부를 누리고 사치를 일삼았습니다.

다 너머에까지 여행하다가 이제 서투르게 대학을 관리하기 위해 붐비는 궁중에서 물러난 자에 불과합니다. 또한 서투르게 이곳에 왔습니다.

'그것이 사실이라면 이 얼마나 정신 나간 일입니까? 한층 돋보이게 하기는 커녕, 제대로 감당하지도 못할 자리를 어찌하여 떠맡았다는 말입니까? 당신은 당신 자신과 이 대학에 대해서, 그리고 이 존엄한 의회에 대해 아주 잘못된 판단을 한 것입니다' 라고 여러분은 말할 것입니다.

청중들이여, 소망과 용기는 가장 지고한 성품의 판단과 바람, 명령과 간청에 지배받는 사람을 결코 망하게 하지 않습니다. 우리 자신은 가치 있는 행동을 할 수 있는 원천이 될 수는 없습니다. '심는 자에게 씨를 주시고' (고후 9:10) 젖먹이의 입에 힘을 주시는 분께서 은혜롭게 밖에서 비롯된 것이든 안에서 느끼는 것이든 모든 부족함을 공급해 주십니다. 따라서 제 자신의 힘이나 용기가 부족하고 대학의 영향력을 통한 외적인 도움이 아무리 부족하다 할지라도, '모든 사람에게 후시 주시고 꾸짖지 아니하시는' (약 1:15) 그분께 저는 변함없이, 그리고 전적으로 제 자신을 의탁합니다.

그분은 그리스도를 영원한 공급의 원천으로 제정하셨습니다. 그리스도께서는 우리의 작은 믿음이 가로막지 않는 한, 모든 경건한 노력에 때맞춰 도움을 공급하십니다. 그러하기에 저는 빛과 힘과 용기를 기다리며 기도합니다. 그럼으로써 주님께서 은혜롭게 약속하신 임재를 신뢰하며, 시대의 상황과 하나님의 섭리하심을 통해 우리에게 주어진 기회를 따라 자각된 고결함만이 예술과 모든 아름다움의 자리를 채우기에, 낙심하거나 위축되지 않고 이 일에 제 자신을 의탁할 수 있는 것입니다."

그의 지혜

오웬의 전기 작가는 이 취임 연설이 단순히 격조 높은 의식의 언어만으로 이루어진 것은 아니었다는 사실을 충분히 입증해 줍니다. 오웬은 그 고통의 나날 동안 대학의 운영을 맡아서, 그 당시 언제 권위를 되찾을지 기약이 없는 대학 행정 당국에 이처럼 관대한 정신을 불어넣으며, 넉넉하고 치우치지 않게 후원하고, 열심을 다해 적절한 공과를 간파하고 재정난에서 벗어나고자 분투했습니다. 그리고 무질서와 방탕함을 확고하게 억제하고 면학하는 습관과 훌륭한 품행을 견실하게 격려했습니다. 그리고 부총장으로 지냈던 얼마 되지 않는 기간 동안 지속적으로 대학의 가장 나쁜 해악들을 치료함으로써 결국 클라렌던(Clarendon)[6]의 내키지 않는 칭찬마저 자아낼 정도로 대학을 융성한 상황으로 회복시켜 놓았습니다.

그 당시 법에는 회합을 해산할 수 있는 권한이 오웬에게 있었는데도 불구하고, 그리고 그에게 편향적이고 파벌적인 정신이 없었던 것이 아님에도 불구하고, 그가 감독 교회의 모임을 주일마다 그의 방 바로 맞은편에서 가지도록 허락하고, 또한 이들에게 공예배를 드리도록 허용했다는 명예로운 사실이 기록되어 있습니다. 동일한 지혜로움과 융화책으로 그는 개신교도들 중에서 가장 유능한 사람들에게 그의 재량권에 있는 빈 주거지를 주고, 모든 어려움과 긴박한 상황에서 그들의 조언에 귀를 기울임으로써 개신교도들의 신뢰를 얻었습니다.

오웬은 가난하고 유망한 많은 학생들에게 얼마의 돈이나 금은보다 훨씬 더 값진 적절한 격려로 도움을 주었습니다. 이러한 격려는 학생들을 명성의 자리로 이끄는 첫 도전이 되었습니다. 장래가 촉망되는 외국 유학생들은 오웬의 영향력을 힘입어 도서관과 무료로 대학 식당을 이용할 수 있도록 허락을 받았습니다. 한번은 한 가난한 젊은이가 자신의 라틴어 논문에서 오웬이

6. 역자주 - Edward H. Clarendon, 1609-74. 영국의 정치가이자 역사가입니다.

필요로 하는 부분을 알게 하자, 오웬은 그에게서 보기 드문 '날카로운 지성'을 발견하고 즉시 자신의 집에 가정교사로 받아들이기도 했습니다.

오웬은 이처럼 관대하고 융화적인 방책을 펼치는 가운데서도 건전하고 엄격한 행동을 통해 어떻게 방탕함을 억제하고 대학의 전체적인 규율을 바로잡도록 고무할 수 있는지를 알고 있었습니다. 졸업식 날(The Act), 트리니티 대학의 테래 필리우스(Terrae filius)[7]로 선발된 학생이 연설을 하기 전에, 오웬은 그에게 모든 신성모독이나 외설적인 표현, 그리고 개인적인 감상을 자제한다는 조건하에서 라틴어로, 그가 원하는 대로 자유롭게 말해도 좋다고 말했습니다. 그러나 그 학생은 시작하자마자 그에게 부과된 모든 조건을 어기고 말았습니다. 오웬은 거듭 그에게 대학을 욕되게 하는 방식으로 말하는 것을 그만두라고 경고했습니다. 하지만 이 젊은이는 고집스럽게 계속해서 비방하는 말을 했고, 마침내 오웬은 교직원들에게 그를 끌어내리라고 명령했습니다.

이를 계기로 오웬은 학생들과 대치하게 되었습니다. 대학의 권위가 무례하게 짓밟혀서는 안 된다고 결심한 오웬은 그의 개인적 안전을 염려하는 친구들의 진언을 개의치 않고 자리에서 일어나 그의 손으로 직접 그 위반한 학

---

7. 역자주 – 졸업식(The Act)은 뛰어난 학생들에게 명예로운 학위를 수여하고 그 수여자들을 기념하기 위하여 매년 트리니티 학기(學期 · Term)의 아홉 번째 주간의 수요일에 열렸던 엔카에니아(Ancaenia)라는 의식이 더욱 확장되어 지금까지 그 일부로 전해지고 있는 옥스퍼드 대학의 의식입니다. 엔카에니아는 갱신의 축제라는 헬라어로, 요한복음에서 이것은 '헌신의 축제' 라는 말로 번역되었습니다(흠정역 요 10:22, 한글 개역 성경에는 수전절 · 修殿節로 번역되었는데, 수리아 왕 안티오쿠스 4세에 의해 더렵혀진 성전을 회복하고 이를 기념하여 지킨 헌당절). 이는 '학위 수여식, 혹은 졸업식' 이라는 말에 해당합니다. 이날에는 이때를 위해 작곡한 대규모 음악 작품과 '땅의 아들' 이라는 의미의 'Terrae Filius' 라고 알려진 바 작자미상의 연설자에 의한 풍자적이거나 종종 상스러운 글과 같은 전통적인 연설이 포함되어 있습니다.

생을 자리에서 끌어내어 대학 감옥인 보카르도(Bocardo)에 수용시켰습니다. 이를 지켜보던 학생들은 그가 내린 결정에 놀라움과 두려움을 금치 못한 채 멀찍이 서 있었습니다. 이는 종을 치고 장애물을 뛰어 넘던 옥스퍼드에서의 학창 시절에 두드러졌던 그의 강인한 육체적 에너지를 보여 주고 있는 것이 아니겠습니까?

그러나 부총장의 의도는 단지 방탕함을 온건함의 영역 안에 억제하기 위함보다는 훨씬 높은 곳까지 미치고 있었습니다. 그의 총체적인 관리는 학생들 가운데 살아 있는 경건함의 능력을 깨우고 촉진하고자 하는 간절한 열망으로 이루어졌습니다. 이처럼 대학 전체에 영향을 미치는 그의 행정 능력과 그의 본보기는 모든 분야에 큰 기여를 했습니다. 이뿐 아니라 그가 대학의 신앙적 안녕을 위해 어떠한 열성으로 보살피고 수고했는가를 보여 주는 개개의 사실들은 수없이 많습니다.

당시는 명예 교우들이 성 마리아 교회에서 주일 오후에 돌아가며 설교하는 것이 관례였습니다. 오웬은 설교라는 최고의 은혜의 수단이 이로 인해 진전되기보다 종종 더 손상된다는 판단이 서자마자, 막달린(Magdalen) 대학의 총장인 굿윈(Goodwin) 박사와 이 직분을 번갈아가며 감당하여, 옥스퍼드의 젊은이들에게 온전하고 진지한 사역의 혜택을 보장해 주리라고 결심했습니다.

거의 2백 년이 지난 뒤에 학생들 중 한 명의 회고록에서 이 청교도 부총장의 이러한 결정으로부터 얻은 유익들을 이야기하면서 강하고 감사가 넘치는 간증을 읽는 것은 여간 흥미로운 일이 아닐 수 없습니다. 우리는 『그의 아들이 쓴, 필립 헨리의 회고록』(*Memoir of Philip Henry, by his Son*)에서 이를 살펴볼 수 있습니다.

"그는 그가 학교에 다니던 시절, 배움뿐 아니라 신앙과 경건을 위해 대학에서 얻은 도움과 유익들에 대해 하나님께 감사하며 종종 언급하곤 했다. 진지한 경건함이 신망을 얻었고 많은 학생들이 공적인 기회들 외에도 하나님을 경외하고 사랑하는 것에 서로의 마음을 굳건히 해 주고 그들 세대의 교회를 섬기기 위해 자신들을 준비시키고자 기도회와 수련회를 위한 모임을 함께 가지곤 했다. 나는 오웬 박사가 주일 오후의 대학 설교에 있어서 그들이 취한 신중한 방식에 대해 이야기하는 것을 들었다. 전에는 대학의 명예 교우들이 돌아가면서 이 말씀을 전하곤 했으나, 이 방법이 그다지 신앙적인 교육면에서 유익이 없다고 판단되자, 오웬과 굿윈 박사가 번갈아 가며 말씀을 전했고, 항상 설교하곤 했던 젊은 교수들은 그들에게 주어진 화요일에 강의를 했다."

그러나 옥스퍼드에서 그에게 맡겨진 두 가지 부담스러운 직무들이 오웬의 에너지를 소진시키지는 못했습니다. 그의 마음은 그의 직위만큼이나 확장되어 마치 고갈되지 않는 자원과도 같았습니다. 파산 직전의 대학을 일으키고 있는 최고 책임자로서의 얼마 되지 않는 기간 동안은, 그가 가장 빈번하게 크롬웰에 의해 궁정으로 호출되었던 때이자 대부분의 사람의 경우 평생을 다 들이고 보상받기에 충분한 신학적 작품들을 세상에 내놓은 때이기도 했지만 말입니다. 이제 그와 함께 공적인 삶의 무대와 저작자로서의 노고에 잠시 시선을 돌려보도록 합시다.

그리스도인들 사이의 연합 지지자

오웬은 1653년 8월 25일, 바다 한가운데에서 크롬웰 군대의 명성을 세웠고 네덜란드와의 평화를 위해 명예롭고 유리한 길을 닦은 계기가 된 네덜란드 함선 격침의 승리를 기념하기 위해 다시 한 번 명령을 받고 의회 앞에서 설교를 했습니다.

같은 해 10월에 크롬웰은 그리스도인 연합을 위한 회의에 몇몇 다른 성직자들과 함께 오웬을 런던으로 초대했습니다. 이 일은 그날 당일 신문에 매우 재미있는 용어로 게재되었고, 부수적으로 크롬웰 행정부에 굉장히 가치 있는 빛을 비추게 했습니다. 그 기사를 여기에 소개하도록 하겠습니다.

"크롬웰 각하는 머리 되신 그리스도를 붙잡고 있기에 같은 토대 안에 있는 여러 성직자들이 사랑 안에서, 즉 신앙을 고백하는 사람들 사이에서 지금까지 있었던 것과 같은 분열이나 단지 형식만 다를 뿐, 서로를 욕하거나 비방하는 일 없이, 한 마음이 되도록 설득하기 위해 이들을 환대했다. 오웬 씨, 마쉘(Marshall) 씨(장로교), 나이(Nye) 씨(독립 교회), 제시(Jessey) 씨(침례교), 해리슨 씨 외에도 다른 이들이 있었다. 이들에게 각하의 조언과 충고는 너무나 기분 좋고 귀한 것으로써 그에 합당한 판단과 은혜로 이루어져서, 신령과 진정으로 여호와를 경외하는 사람들이 모든 하나님의 사람들과 하나 되기를 힘쓰도록 설득하는 데 큰 도움이 되었기를 바란다."

이 회의를 통해 즉각적으로 어떤 실제적인 방책이 세워진 것 같지는 않습니다. 여기서 이토록 훌륭한 많은 시도들이 좌절케 된 이유는 너무나 많은 것을 시도했다는 데 있었습니다. 그것이 그들의 실수였습니다. 그들은 상호적인 그리스도인으로서 서로를 인식하고 동의에 이르기까지 협력하는 것으로 만족해야 했음에도 불구하고 합병을 추구했습니다. 또한 서로의 차이에 대해 관대하게 용납했어야 할 때 종종 경직된 침묵으로 일관하였습니다.

그러나 당장의 목표를 이루는 데 실패했다고 해서 이러한 회의와 담화를 쓸모없거나 열매 없는 것으로 말하는 것은 잘못된 것입니다. 이 모임은 이들과 섞여 있던 훌륭한 사람들에게 이전에 하나 되었다는 느낌을 전혀 가질 수 없던 곳에서조차도 연합의 감정이 깊어졌다는 느낌을 주었음에 틀림없습니다. 또한 자신들도 모르게 그들에게 있던 분열의 벽조차 낮추어 주었습니다. 그리고 당대와 다음 세대의 가장 훌륭한 사람들이 이러한 목적을 지니고 있는 운동에 자신을 기꺼이 내어 드릴 준비가 되어 있었음을 위의 사실에 대해서는 흥미와 교훈 없이 언급한다는 것은 불가능합니다.

오웬은 연약한 형제들로 말미암은 이러한 문제를 책임져야 한다는 부담으로 그 세대 앞에 섰습니다. 땅에 속한 것들에 대한 하찮은 애착보다 훨씬 더 높은 곳에 기거하고 있는 하웨의 순수한 영혼은 그의 소론, 『개신교도들의 연합에 관하여』(*On Union among Protestants*)와 『신앙적 다툼이 가지는 현세욕에 관하여』(*On the Carnality of Religious Contentions*)에서 교회가 하나 됨으로 '좀 더 위엄 있고 좀 더 우호적인' 모습이 되기를 얼마나 바라고 있는지를 표현하고 있습니다.

백스터는 온 열정을 다하여 변증하면서 이 거룩한 매력을 느끼고 소유했으며 마침내 완벽한 하나 됨의 실현을 하늘에서 보기 위해 영원한 안식에 들어가는 것을 더욱 갈망했습니다.[8] 그리고 성자와 같은 어셔(Usher)는 부분적으로 하웨의 장엄한 논증에 자극을 받아, 비록 준비가 다소 미흡했고 실현되지도 못했지만, 하나님께서 '이것 행하는 것을 네 마음에 두는 것이 좋다' 라

---

8. 그의 정신은 다음의 부드러운 말로 잘 표현되어 있습니다. 그는 이 말로 그의 토론회를 마무리했습니다. "우리가 이곳 어둠 가운데서 언쟁하고 있는 동안 우리는 죽어 가고 있는 것이고, 우리의 모든 논쟁을 결말지을 세상으로 가고 있는 것입니다. 그리고 그곳으로 가는 가장 안전한 길은 평화로운 거룩한 길입니다."

고 말씀하셨던 일을 포괄하는 하나의 기획안을 제시하기도 했습니다.

청교도들은 하나 됨을 이루지는 못했습니다. 그러나 그들은 하나 됨을 시도하는 것 이상의 일을 해냈습니다. 즉, 그들은 하나 됨을 성취하기 위해서 꼭 있어야 하는 많은 원칙들을 그들의 책에 기술하였던 것입니다. 그리고 지금은 단지 그들이 그토록 열렬히 갈망했던 것을 이루기 위해서 위로부터의 신앙 부흥이 필요했었음을 알 수 있습니다. 그들은 성전을 짓기 위해 자재를 준비해 둔 다윗과 같았습니다. 이 시대의 모든 그리스도인들이 성전을 짓는 영예를 얻은 평화의 아들이 되면 어떨까요?

† 주요 작품을 저술하다

아마도 의회는 오웬이 런던에서 이 모임에 참석하고 있는 기간을 그에게 신학박사 학위를 줄 기회로 포착했던 것 같습니다. 왜냐하면 우리는 우드가 그의 『옥스퍼드 편람』(*Fasti Oxonienses*)에서 '12월 23일, 교구 학장이자, 대학의 부총장인 석사 죤 오웬이 당시 런던에 있었을 때, 신학박사 학위를 취득했다' 라고 기록해 놓은 것을 발견할 수 있기 때문입니다.

그의 학위에는 '신학교에서 열심히 공부했고, 능력 있는 설교를 꾸준히 했으며, 토론할 때는 열정적이고 예리했다' 라고 써져 있습니다. 오웬의 친구인 막달린 대학의 총장, 토마스 굿윈도 같은 때에 학위를 받았습니다. 우드는 특유의 빈정대는 어조로 이 영예로운 학위 취득자들을 '독립 교회의 두 아틀라스(Atlas)[9]요 창시자들' 이라고 기술했습니다.

---

9. 역자주 - 그리스 신화에 나오는 거인으로, 천계(天界)를 어지럽힌 죄로 제우스에 의해 아프리카 서북안에서 어깨로 하늘을 떠받치는 벌을 받은 인물입니다.

하나님께서 그리스도의 속죄 없이 죄를 용서하실 수 있습니까? 이러한 일들이 이뤄지고 있는 가운데 오웬은 그의 가장 심오한 논문 중의 하나인 『정당한 정의가 요구하는 당연한 권리』(*The Claims of Vindicatory Justice Asserted*)를 저술하고 출간했습니다. 이 논문에서 설명하고 구축하려는 원리는 도덕적인 통치자가 되신 하나님께서 속죄 없이, 혹은 그리스도의 희생으로 만들어진 것과 같은 그분의 정의의 공급 없이 죄를 용서하실 수 없다는 것이었습니다.

이 주제는 몇 달 전, 그가 그의 직무에 따라 '하나님의 정당한 정의와 죄가 존재한다는 가정하에 정의가 행사되어야 할 필요성에 관하여 논설하고 토론' 하도록 요구받은 한 신학적 토론 모임에서 그의 마음에 떠오른 것이었습니다. 그에게 허락된 짧은 시간 내에 이 주제를 서둘러 다루었음에도 불구하고 많은 사람들을 그의 관점으로 이끈, 보기 드문 성공을 이루어 냈습니다.

오웬은 이 원리가 '신학의 전부를 꿰뚫고 깊이 뿌리를 내리게 했다' 고 확신했습니다. 그는 이 원리가 제대로 세워지기만 한다면 그 결과가 소시니안(Socinian)[10]이 가진 오류의 핵심적인 토대를 부서뜨릴 것이라는 사실을 명백히 보았습니다.

그러나 복음주의 체계의 모든 위대한 진리에 관해 그와 동일한 관점을 가지고 있던 많은 탁월한 신학자들이 이 부분에 대해 망설이고 있었습니다. 또한 몇몇 영예로운 이름의 인물들은 최근에 이와 반대되는 의견에 새로이 동조하고 있었습니다. 오웬은 이러한 사실을 발견하고 몹시 한탄했습니다.

웨스트민스터 회합의 의장인, 뉴베리(Newbury)의 트위스(Twisse) 박사가 그의 책 『은혜롭고 강하며, 또한 섭리적인 하나님 변호』(*Vindiciae Gratae,*

10. 소시니안(Socinian) – 소시니아니즘을 따르는 사람들입니다(p. 101 각주 참고).

Potestatis, ac Providentiae divinae)에서, 그리고 성 앤드류 교회의 그 저명한 사무엘 러더포드(Samuel Rutherford)가 그의 책, 『하나님의 섭리에 관한 학술적인 논쟁』(*Disputatio Scholastica de divina Providentia*)에서 그러했습니다.

이것이 오웬으로 하여금 이 주제에 관해 구두로 해설한 것에서 유익과 확신을 얻은 사람들의 바람을 더욱 기꺼이 따르도록 만들었기에, 그는 더 정연하고 신중한 조사에 들어갔던 것입니다. 우리는 장래의 히브리서 해설자가 이 원리를 위해 싸우도록 강력하게 촉구되었으리라는 사실에 의심을 가할 수 없을 것입니다. 이는 이 해설을 이루고 있는 영감 받은 신학의 거대한 논쟁이 한 가지만은 아닌 듯 보이기 때문입니다.

오웬은 자신의 논증을 개진(開陣)하면서, 그의 사고가 향하고 있는 그 숨겨진 진리의 광휘에 때때로 압도당하는 느낌을 받았음이 분명합니다. 그는 다음과 같이 기술하고 있습니다.

"더 깊고 심오한 곳에 거하면서 어마어마한 빛의 근원지인 아버지께 더 가까이 다가가고 있는 그 논점들은, 그 넘치는 빛으로 더 밝은 광선을 쏘아 보내면서 마치 너무 밝은 빛에 갑자기 들어가면 눈앞이 깜깜해지듯 가장 위대한 사람들의 마음에 어리둥절하게 하는 어둠을 주었다. 신학의 주제에서 우리가 어둠이라 일컫는 것은, 다름이 아니라 우리의 연약한 눈동자에 일격을 가하고 들어오는 천상의 영광과 광채요, 우리가 인생을 살면서 결코 볼 수 없고 단지 조금만 감당할 수 있는 안개와 빛이다."

다른 곳에서 우리는 그가 위대한 논쟁의 정점에 올랐을 때, 그의 풍부한 상상력이 이후에 그가 세상에 내놓을 새로운 논문들의 주제로 휘감겨 있다는 사실을 짐작할 수 있습니다. 또한 더 직접적이고 강력하게 영적인 삶을 산출할 그 진리를 향해 지금의 그 정점에서 내려올 순간을 애타게 갈망하고 있다는 암시를 받게 됩니다.

"우리에게는 우리의 신앙을 다루고 있는 많은 책들과 주제들로 가르치는 복된 책임이 위탁되어 있다. 우리는 마음으로 크게 즐거워하고 기뻐하며 그 일을 감당하고 있을지도 모른다. 그러나 여기서 내가 말하고자 하는 것은, 이러한 책들로서 가장 즐거운 성경의 목초지를 가로질러 미치는 더 자유롭고 더 넓은 영역을 제공하며, 그 안에서 생명의 투명한 샘과 위로의 강에 대한 묵상을 제공해 주어야 한다는 것이다. 학문적인 용어와 특징의 덤불에 얽매이지 않고, 노예화된 철학이나 잘못된 지식의 장애물이나 궤변으로 복잡해지지 않은 그 주제들은 그분의 향기로운 향유를 내뿜으며 사랑하는 주님의 가장 깊숙한 사랑을 우리의 마음에 넓게 발산해야 한다. 또한 달콤하고 유쾌하게 아버지와 아들과의 불순물 없는 순수한 기쁨의 교제로 이끌어 주어야 한다."

여느 때와 마찬가지로 이 논문의 출현에 많은 답변들이 잇따라 나타났고, 백스터는 한 번 더 준비된 갑옷으로 무장하고 이 대열에 섰습니다.

성자들의 견인

이듬해에 오웬은 2절판[11]으로 거의 5백 쪽이 넘는 분량의 방대한 작품을

---

11. 역자주 - 전지(全紙)의 절반 크기의 책으로 전지 한 장당 4쪽의 분량이 인쇄되는데, 가로 세로가 약 30×45cm 이상이 되는 큰 규격의 책입니다. 오늘날의 인쇄 용지의 개념으로는 국전지(63.6×

세상에 내놓았습니다. 그는 넉넉한 본문에 직접 이 책을 가장 잘 묘사하고 분석해 놓았습니다. 그것은 다음과 같습니다. 곧 『밝히 드러내고 확증된 성도들의 견인에 관한 교리』(*The Doctrine of the Saints' Perseverance Explained and Confirmed*), 혹은 『화해와 성화에 관한 영원한 원칙과 효과적인 원인, 그리고 외적인 수단으로부터 드러나고 인증된 성자들의 하나님께로 받아들여짐 및 하나님으로부터 말미암는 성화의 틀림없는 영속성, 하나님의 속성, 율례, 언약, 약속의 불변성, 예수 그리스도의 봉헌과 중보, 순전하게 순종하고 위로를 얻게 하도록 활용되는 복음의 약속과 권고 및 위협』이라는 작품입니다.

이 작품은, 오웬이 훌륭한 대의를 가지지 못했다는 사실을 제외하고는 그의 논쟁가로서의 눈부신 자질을 거의 모두 인정하고 있는 알미니안 작가, 존 굿윈(John Goodwin)의 『구속된 구속』(*Redemption Redeemed*)이라는 책을 촉발시켰습니다.

오웬은 굿윈이 그의 마음에 있는 모든 개념을 충만하고 정선된 의미로 옷입혔을 뿐 아니라, 그의 의도와 바람에 따라 예리하거나 기분 좋게 만들어 줄 수 있는, 두드러지게 진보된 모든 방식으로 그 개념들을 다듬고 장식했다고 기술하고 있습니다. 그리고 기꺼이 로마 시인, 핀다루스(Pindarus)의 시구를 그에게 인용하고 있습니다.

'강둑 위로 넘실거리며
세차게 흘러 쏟아지는 강줄기처럼
산이 경주하듯 흘러가고 있네.'

93.9cm)의 약 절반이 당시 전지의 규격이었던 것으로 추정됩니다.

이 논문은 설령 굿윈이 언급한 모든 부분을 삭제한다 할지라도 거의 완벽했을 것입니다. 그리고 부정할 수 없이 성도들의 견인에 대한 입증을 영어로 가장 탁월하게 형상화하고 있습니다. 굿윈이 제아무리 온갖 호화찬란한 달변으로 대응한다 하더라도, 이 위대한 청교도의 무장된 손에 붙잡히기만 하면 여지없이 산산조각이 나고 말았습니다.

논증의 양식은 이전의 그것보다 훨씬 더 대중적으로 전개되고 있습니다. 이는 부분적으로 그의 적수들이 무엇인가를 슬쩍 비추는 듯한 수사법을 사용하고 있었기 때문입니다. 또한 오웬이 알미니안들의 사조가 많은 교회에 침투해 있음을 알고 있었고, 만약 그가 사람들을 납득시키려 한다면 사람들을 위해 글을 써야만 한다는 사실을 알고 있었기 때문입니다. 다음의 무게 있는 문장은 그가 철학적인 용어와 학문적인 논증의 형태를 피하고 있는 모습을 설명해 주며, 오웬의 거룩한 지혜를 잘 보여 주고 있습니다.

"우리가 우리의 지혜나 학식이라고 여기는 것은 아주 엄밀하게 살펴본다면 우리의 어리석음일 수 있다. 우리가 성경의 논리를 날카롭게 한다고 생각할 때, 성경 안에 계시는 성령의 유효함을 곤란하게 만들고 있는지도 모른다. 우리의 논증 방식에 따라 억지로 성경을 해석할 때보다 성경 자체의 자유 안에 있을 때 종종 더 효과적이다. 성경의 무기는 아리스토텔레스의 대장간에서 날카롭게 만들 때보다 성경 자체의 부드러운 숨결로 보다 더 예리해진다."[12]

12. 『옥스퍼드의 대학 학장들에게 바치는 서신』(*Epistle Dedicatory to the Heads of Colleges etc at Oxford*), p. 8.

이 공들여 만든 작품의 서문보다 오웬의 특징을 독자들에게 잘 나타내는 부분은 없을 것입니다. 이 서문은 2절판으로 40쪽이 넘게 펼쳐져 있어 독자들은 '성문이 도시보다 더 넓겠구나' 라고 하며 두려움을 느끼기 시작할 것입니다. 이 글은 주후(A.D.)로부터 그 자신의 시대에 이르기까지 교리가 어떠한 취급을 받아 왔는지를 이야기해 주고 있습니다. 또한 헬라어와 라틴어 인용문으로 문학적 다양함을 꾀한 각 페이지 안에는 헤아릴 수 없는 면밀한 탐구가 전개되고 있습니다.

그러나 이 가운데서도 독자들을 가장 놀라게 하는 것은 중반 정도에 이르렀을 때, 오웬이 고의로 곁길로 빠져 해몬드(Hammond) 박사와 『이그나티우스의 편지』(*Epistle of Ignatius*)의 순결함에 관해 논하고, 이 편지들이 순결하다는 전제하에 초기 감독 제도를 위해 이 서신들이 제공하려고 하는 증거를 신중히 고려하는 모습을 발견할 때입니다.

혹자는 당시 신학적 저술과 여행 양식 간의 유사함을 찾아보려는 유혹을 받게 될 것입니다. 당시에는 아무도 목표까지 재빠르게 곧장 가야 한다고 생각하지 않았습니다. 마찬가지로 여행자도 그가 원할 때, 곧 친구에게 인사하고 싶거나 논쟁을 결말짓고 싶을 때면 언제나 멈추었습니다.

이 작품은 크롬웰에게 헌정되었습니다. 호민관의 성품을 판단하기에 최상의 기회를 가지고 있던 사람들이 어떠한 기준으로 호민관의 성품을 형상화하고 있는지를 보여 주기 때문에, 오웬이 이 작품에서 그가 가진 신앙적 성실함에 관해 말하고 있는 강한 언어는 흥미롭습니다.

"예수 그리스도 안에서 하나님의 사랑의 교통하심과 헤아릴 수 없는 은혜의 부요함을 자비롭고 은혜롭게 나누어 주심과 주님의 피로 사신 그 은혜의 감춰진 보화와 관련하여 무한하게 지혜로우신 하나님의 섭리하심이 매일 이 세상의 크고 작은 일에 영향을 미치는 변화무쌍함 가운데서도 그분은 어떤 후회도 하지 않으십니다.

이 두 가지 모두에 관해 각하는 충분한 경험을 가지고 있습니다. 비록 각하가 후자를 중요하게 여기시는 것이 이후 이 세상의 어떤 사람이 중요하게 여기는 것보다 탁월하다 할지라도, 각하가 전자에 관해 가지고 계신 관심과 지식은 그 자체만으로도 비교할 수 없이 중요하기에 각하에게 훨씬 더 가치 있고 존귀할 것입니다."

† 입법자(The Legislator)

크롬웰의 이름을 언급한 것은 자연스럽게 우리를 대중적인 일과 오웬의 인생에서 그 어떤 것보다 더욱 그를 적들의 비난에 노출시키게 한 하나의 사건으로 이끌어 갑니다.

옥스퍼드를 대표하여 의회의 의원이 되다

1653년 말에 장기 의회를 폐기시킨 크롬웰은 몇 달 후에 새로운 선거를 위한 공식 서한을 공포했습니다. 옥스퍼드 대학교는 이 의회의 의원으로 회복되는 권한을 받았고 이에 오웬이 선출되었습니다. 그가 이 새로운 직임을 어떤 거리낌도 없이 받아들였다는 것은 그가 즉각 의회의 자리를 취했고 그가 성직자라는 이유로 특전 의회가 그의 당선의 무효를 선포할 때까지 계속해서 자리를 지켰다는 사실에서 분명하게 짐작할 수 있습니다.

오웬을 철두철미하게 비방했던 자들은 독수리가 낚아채는 것처럼 본능적으로 그의 이러한 행동을 조여 왔습니다. 이에 그의 친구들조차도 대부분 겁먹고 주저하면서 가까스로 방어만 했을 뿐이었습니다. 오웬이 정치권력을 움켜잡으려고 혈안이 된 듯하게 보였다는 논평을 불쾌히 여겼던 커드레이(Cawdrey)와 안소니 우드(Anthony Wood)는 항간의 소문을 듣고 오웬이 성직자인지 아닌지를 말하기를 거절한 것에 대해 그를 비난했습니다.

오웬은 이 혐의에 대해 처음에는 그 자체의 부조리함이 답변하도록 남겨 두었습니다. 그러나 몇몇 사람들이 실제 그렇게 믿고 있다는 것이 발견되자, 그는 "이 문제는 핑계나 구실을 댈 가치조차 없는 일이기에, 나는 사탄이 그 자신을 이 모든 일의 장본인이라고 인정할 만큼 뻔뻔스럽지는 않는지를 반문하게 된다"라고 단언하면서, 하는 수 없이 맹렬하게 분개하며 몰아내 버렸습니다.

그러나 어떤 사람들은 이 숭고한 청교도의 길을 귀찮게 뒤좇는 흉조(凶鳥)들을 동조하지는 않는다 하더라도, 오웬의 주변에 의원으로 선출될 만한 적절하고 견실한 사람이 또 있지 않았을까 하고 의문스러워했습니다. 또한 그가 그토록 강렬하게 고요한 목회 직임을 갈망한다고 고백했으면서 어떻게 이처럼 기꺼이 이러한 인생의 업무에 자신을 얽히게 했는지를 질문하는 사람들도 있었습니다. 이는 분명 반대를 더 지지할 수 있는 토대였습니다. 그러나 여기서 오웬을 바르게 판단하기 위해서는 우리는 이 일과 관련된 모든 특별한 요소들을 들여다보아야만 합니다.

성직 서임을 받을 때 결코 풀리지 않는 신비한 주문(呪文)에 걸렸거나 '한 번 성직자는 영원히 성직자다' 라는 로마 가톨릭의 환상을 부여잡은 사람이 아니라면 누구나 성직자가 최고의 선을 이룩하기 위해, 더욱이 그의 독특한 성직의 직무를 중지하고 목사와 행정관직을 병합하려고 할 때는 그만큼의 위급한 사태가 공화파에 닥치고 있었음을 짐작할 수 있을 것입니다.

바로 이전의 의회에서 사람들은 이러한 확신을 가지고 자리에 앉아 있었습니다. 그리고 다음 세기에서 가장 순결하고 양심적인 스코틀랜드 성직자,

존 위덜스푼(John Witherspoon) 박사는 미국으로 이민을 간 후에, 의회 의원이었던 사람들과 함께 목사의 직무와 저지(Jersey · 미국의 뉴저지) 대학 총장의 직무를 결합시켰습니다. 그는 갓난아기에 불과한 공화당의 기초를 놓는 데 워싱턴(Washington)과 프랭클린(Franklin)의 바로 뒤를 잇는 제2 인자였습니다.

마찬가지로 오웬도 스코틀랜드 성직자들에게 영향을 준 동일한 원칙에 입각하여 행동했습니다. 그리고 오웬은 크롬웰과 의회가 국가의 종교적 상태에 대해 가지고 있던 활발한 관심뿐 아니라, 이 나라의 난폭한 정당에 의해 옥스퍼드가 받는 광적인 적개심을 생각하지 않을 수 없었습니다. 그래서 그는 대학의 안녕을 살피고 의회에 자리를 확보함으로써 신앙과 신앙적 자유의 이익을 촉진할 목적으로 좀 더 나은 자리에 섰을 뿐입니다. 이 사실에 대해 오웬이 어떻게 느꼈을는지를 마음에 그려 보는 것은 그리 어렵지 않을 것입니다.

이와 반대로, 비난을 완화시키려는 이러한 모든 사실과 더불어, 당선의 유효성을 놓고 그처럼 격렬하게 질문이 쏟아졌던 그 당시에, 오웬이 그 자리를 거절했다면 오히려 그가 자신의 위신에 더 신경 쓴 것으로 생각되었을 것입니다.

크롬웰이 의회에 소개한 '행정 문서' 에는 예수 그리스도로 말미암아 하나님 안에서 믿음을 고백하는 모든 사람들이 그들의 신앙 안에서 보호를 받아야 한다는 제안을 담고 있었습니다. 행정 문서의 이러한 부분에 관해 제기된 논의에서 그 용어들은 기독교 교리의 근본에 동의하는 사람들에게만 신앙의 자유를 제시한 것으로 해석되었습니다. 그렇게 생각할 이유가 없음에도, 이는 호민관의 의미를 부당하게 제한한 해석이었습니다.

그러나 그 근본이 무엇이냐는 질문이 곧바로 제기되었습니다. 14인으로 구성된 의원회가 이 주제에 관해 의회를 대신해 성명을 준비하도록 임명되었습니다. 의회는 그들의 차례가 되자 14인의 탁월한 신학자들에게 이 일을 위임했습니다. 오웬은 이 의원회의 일원이었는데, 백스터에 따르면 '조항을 말로 표현하는' 일에서 주요 부분을 담당했다고 합니다.

그는 신앙적 믿음은 그 사람이 가진 사회적 특권의 조건이 되어서는 안 된다는 보편적으로 받아들여지고 있는 새로운 원칙에 입각하여, 신앙의 자유가 부여하는 복을 제한하려고 했다는 면에서 비난을 받았습니다. 사실 이러한 비난은 잘못된 것입니다. 오웬에게 정확히 답변해야 할 책임이 없었기 때문이라거나 의회가 의도하는 용도에 맞추기 위해서가 아니었습니다. 그러나 의회의 갑작스런 해산으로 이 조항들은 법안으로 형상화되지 못했습니다. 이러한 의회의 해산은 크롬웰의 기대를 무너뜨리는 일이었습니다.

목회 지망생을 심사하는 의원회의 일원

거의 같은 시기에 오웬은 호민관과 공의회로부터 의원회의 일원이 되어 영국의 신앙적 대의가, 크고 영원한 유익의 결실을 거두게 도와 달라는 제안을 받습니다. 우리는 이 의원회의 특성을 알아보기 위해 성직 서임을 받으려는 지망생을 심사하도록 부여한 권한이 어떠했는지를 참조해야 합니다. 이 권한은 머지않아 이단의 교리와 난잡한 삶을 사는 성직자들과 대학 교수들을 해고하는 문제까지를 포함하게 되었습니다.

크롬웰은 이처럼 교회의 고유한 기능을 침범한 문제로 비난을 받았습니다. 사실 그가 입법자의 영역을 넘어설 정도로 대담했다는 것은 의심의 여지가 없습니다. 그는 왕국의 위대함과 정부의 견고함은 사람들 사이에 고루 퍼져 있는 신앙의 영향력에 달려 있다고 생각했습니다. 또한 교회가 무능함과 부패 속으로 가라앉도록 내버려 두는 것보다 이와 같은 파격적인 방식으로

교회의 잡상인들과 돈 바꾸는 사람들을 깨끗이 없애 버리는 것이 낫다고 생각했습니다. 그의 이러한 생각들은 역시 옳은 것이었습니다.

'청교도의 꽃' 이라고 여겨지는 약 40여 명의 성직자들이 몇몇 청교도 평신도들과 연합하여 이와 같이 가장 세심한 주의를 요하는 직무를 맡도록 임명되었습니다. 의심할 바 없이 그들에게 위임된 힘은 막강했습니다. 만약 이러한 권한이 비양심적인 사람들의 손아귀에 있었다면 가장 의혹스럽고 타락된 목적으로 바뀌어 버렸을 것입니다.

그러나 이 권한은 전혀 악용되지 않았습니다. 권력에는 폐해가 따르기 마련임에도 불구하고 이 권한이 주는 본질적인 유익은 설령 그러한 폐해가 있다손 치더라도 그 폐해에 비해 측량이 불가능할 정도로 컸습니다. 이것은 실로 신성모독적인 천재 후디브라스(Hudibras)[13]에게 지망생들의 영적인 삶을 면밀히 조사하는 심문관들의 모습을 표현하는 매력적인 주제를 제공해 주었습니다. 그는 지망생들의 애쓰는 모습을 다음과 같이 표현하고 있습니다.

'턱수염 얼굴이 일렬로 늘어선 곳에서
은혜의 얼굴을 구하지만,
새 같은 콧소리 한 방이면,
아무리 마음속에 굳게 잠겨 있던 것이라도
다 까발겨지고 만다네.'

케넷(Kennet) 주교와 같은 상위층 왕당파들과 당파주의자들도 이들의 조

13. 역자주 – 영국의 시인 사무엘 버틀러(Samuel Butler, 1612–80)의 풍자 서사시의 주인공입니다.

사를 받으면서 자신들을 기소할 빌미를 찾는 데 열심을 내는 이들로 인하여 아마도 기분이 상했을 것입니다. 하지만 그러면서도 무의식적으로는 이들을 칭찬했을 것입니다. 그러나 부도덕하거나, 소시니안 혹은 펠라기안의 논쟁과 관련하여 아주 불쾌한 신조를 가지고 있다든가, 현 정부에 대해 반감을 가졌다는 죄가 입증되지 않았는데도 부적격으로 거절된 경우는 결코 없었다는 청교도 사학자들의 주장이 오류로 드러난 적은 단 한 번도 없었습니다.

크롬웰은 그의 두 번째 의회 앞에서 다음과 같은 강한 말로 의원회 위원들의 수고를 언급합니다. "기독교 신앙이 영국에서 완전해진 이래로 이와 같이 영국을 섬긴 수고는 없었습니다. 저는 감히 그렇게 말할 수 있습니다."

그리고 진리의 불가피한 미묘한 차이들을 모두 소개하면서 백스터는 이 심문관들의 임명을 결코 친근한 눈으로 바라보지 않았습니다. 그러므로 모든 절묘한 표현으로 이루어진 백스터의 균형 잡힌 증언을 살펴보는 것이 좋을 것입니다.

"몇몇 사람들이 심사관들의 의원회를 매우 심하게 정죄하고 비난하기 때문에, 저는 이들에 관한 진실을 이야기해야만 하겠습니다. 그들 중 대부분은 저를 그들의 가장 대담무쌍한 적수라고 생각하기 때문에 제 말에 설득력이 있으리라고 생각합니다.

사실은 이렇습니다. 그들 중에 있는 몇몇의 지나치게 완고하고 분주한 독립 교회 사람들은 알미니안 모두를 너무 엄격하게 반대했습니다. 그들이 지닌 거룩함의 증거를 너무 까다롭게 조사하며, 반율법주의자나 재세례파 교리를 따르는 무지하고 잘못된 사람들을 너무 허술하게 받아들였는지도 모릅니다. 그럼에도 이들에 대해 공정하게 말하자면, 이들은 교회에 굉장히 덕을 끼쳤습니다.

또한 그들은 무지하고도 경건하지 못한, 술 취한 교사들로부터 수많은 회중을 구해 냈습니다. 이 사역자들은 주일에 설교문을 읽는 것을 대수롭지 않게 여기는 것만큼이나 사역에 마음이 없고, 주중 내내 사람들과 함께 선술집에 가서 죄로 마음을 강퍅하게 만들며, 거룩한 삶과 반대되는 설교를 하거나 한 번도 거룩한 삶을 살아 본 적이 없는 사람처럼 설교하는 유의 사역자들이었습니다.

의원회 사람들은 대게 이러한 자들을 거절했습니다. 대신에 유능하고 진지한 설교자들이라고 인정받으며, 그런대로 괜찮은 평판을 가진 경건한 삶을 산 사람이라면 누구든지 받아들였습니다. 그들은 다소 편파적이었으며, 독립 교회 사람들과 분리주의자들, 혹은 제5왕국 사람들과 재세례파 사람들에게는 우호적이었고, 고위 성직자들과 알미니안주의자들에게는 적대적이었습니다. 그러나 비록 그렇다 할지라도 그들이 교회에 준 상처보다는 유익이 훨씬 더 컸습니다. 그러하기에 수천 명의 영혼들은 그들이 들여보내 준 신실한 사역자들로 인해 하나님을 송축했고 후에 고위 성직자들이 그들을 다시 몰아냈을 때는 심히 슬퍼했습니다."[14]

청교도 역사를 공부하는 학생이라면 왕당파임에도 불구하고 양심적으로 사고하는 사람이었던 역사가 풀러(Fuller)를 성직 서임에 추천한 하웨의 배포 큰 행동을 잘 알고 있을 것입니다. 그리고 오웬의 고매하고 후덕하며 공명한 행동의 기록도 잘 알고 있을 것입니다. 옥스퍼드의 아랍어 교수이자 유럽에서 가장 위대한 학자 중의 한 사람으로 꼽히는 포콕(Pocock) 박사는 벌크셔에서 살고 있었는데, 그 주의 목사로 서임받고자 의원회 위원들에게 세

14. 『백스터의 생애』(*Baxter's own life*), 1장, p. 72.

심한 조사를 받을 참이었습니다.

오웬은 이 사실을 듣자마자 크롬웰의 장관인 설로(Thurloe)에게 그처럼 무모하고 볼품사나운 조처를 멈추게 해 달라고 간청하는 편지를 썼습니다. 이것도 모자라서 오웬은 직접 벌크셔로 서둘러 찾아가서 의원회 위원들이 온 힘을 다해 추진하려고 했던 이 일에 관하여 그들에게 완곡하게 불만을 토로했습니다. 이 위협이 되는 학자가 더 이상 참석하지 못하도록 명예로운 사면을 얻어 낸 후에야 비로소 오웬은 행동을 멈추었습니다.

유대인

의원회에서 오웬이 보여 준 지혜로 그는 어쩔 수 없이 빈번하게 자문을 해 주는 상황이 되었습니다. 그래서 우리는 이듬해 다시 어떤 주제에 관해 크롬웰과 논의하기 위해 초대받는 그를 발견하게 됩니다. 그 주제는 그 자체의 본질적인 이해 관계에 더하여 최근에 일고 있는 격론으로부터 새로운 이해 관계를 요구하는 문제였습니다.

곧 이 문제는 암스테르담 출신의 학식 있는 유대인인 므나세 벤 이스라엘(Manasseh Ben Israel)이 크롬웰과 정부에 유대인이 영국에 정착하고 무역할 수 있도록 허락해 줄 것을 청원하는 것이었습니다. 유대인들은 13세기부터 영국으로의 출입이 금지되었기 때문입니다. 이 제안을 받아들이고 싶었던 크롬웰은 이 문제를 그가 모집한 변호사들, 상인들, 성직자들의 협의회에 의탁함으로써 이들이 각자가 대변할 수 있는 이득과 관련하여 이 문제를 고려해 주기를 기대했습니다.

변호사들은 유대인들의 출입을 영국 법과 전혀 상치되는 것으로 보지 않았습니다. 몇몇 상인들은 우호적이었고 몇몇은 적대적이었습니다. 그리고 역사가는 신학자들이 만장일치로 이 일을 반대하고 있다고 기술하고 있지만, 사실 이들의 의견 역시 나뉘어 있었습니다. 드루리(Drury) 씨와 같은 몇몇 사람들의 반대는 격렬하다 못해 광적이기까지 했습니다. 그리고 오웬을 포함한 다른 사람들은 특정한 제한 아래 그들의 출입을 허용해야 한다고 생각했습니다.

그러나 이 주제에 관하여 크롬웰은 그의 모든 고문들보다 앞서 있었고, 심지어 그의 시대보다 앞서 있었습니다. 그는 다른 사람들보다 한 수 위였습니다. 그는 진리의 능력 안에서 믿음을 드러냈고, 조언자들의 소심한 반대에 대해 대번에 훈계와 질책을 하면서 논쟁으로 이끌어 가는 창의력을 발휘했습니다. 그는 "성경에는 유대인들의 회심에 대한 약속이 있습니다. 지금 영국에서 선포되는 복음이 그러하듯, 이 일이 우상 숭배와 미신이 없는 복음 선포에 도움이 될지를 누가 알 수 있겠습니까?"라고 말하고 있습니다.

이후에 군중을 밀치고 들어갔던 폴 리커트(Paul Ricaut) 경은 "나는 사람이 그처럼 훌륭하게 말하는 것을 한 번도 들어 본 적이 없다"고 증언하였습니다. 호민관의 훌륭한 의도는 좌절되었습니다. 그러나 랍비에 대한 존경하는 마음의 표시로, 그는 국고에서 200파운드를 지출할 것을 명령했습니다.

† 이후의 저작들

이러한 공적인 사건들이 한창 진행되는 가운데, 오웬은 공의회의 즉각적인 명령으로 한 번 더 저술 활동에 들어갔습니다. 당시 영국 소시니아니즘의 아버지인 비들(Biddle)의 교리문답은 소시니아니즘 학파의 오류를 유행시키고 있었습니다. 영국의 풀(Poole)과 샤이넬(Cheynel), 유럽의 클로펜버그(Cloppenburg)와 아놀드(Arnold), 마렛츠(Maretz)와 같은 다양한 문호들이 이미 이에 관해 논평을 했음에도 불구하고, 좀 더 완전하고 자세하게 밝히는 것이 바람직하다고 그는 생각하였습니다. 오웬은 우리가 이미 말했던 최고의 권위, 즉 공의회의 명령으로 이 일을 맡게 되었습니다.

소시니아니즘[15]에 대항하며

소시니안과 칼빈주의자들 사이의 모든 위대한 논쟁의 핵심을 아우르고 있는 4절판으로 만들어진 700쪽 분량의 그의 책 『복음주의의 옹호』(*Vindiciae Evangelicae*)는 이 공의회의 명령에 대한 열매였습니다. 이것은 분명 이 가련한 이교 창시자를 반복해서 감옥에 가두는 것보다 더 적절하고 효과적으로 근절시키는 방법이었습니다.

그러나 오웬은 그 자신을 비들의 저술에 한정시키지 않았고 그의 관점에서 (그 당시 외국 소시니안들의 고백이었던) 『라코비안 교리문답』(*Racovian Catechism*)과 그로티우스(Grotius)의 『주해』(*Annotation*)를 포함시켰습니다. 비록 어떤 곳에서도 소시니안의 교리를 직접적으로 가르치지는 않았지만, 이 책들은 그들의 입장을 지지하는 복음의 특정 교리에 치우친 글들을 널리 배포함으로써 빛을 하나하나 꺼뜨려서 결국은 사람들을 한밤중의 어둠 속에 남게 했다는 면에서 비들에게 책임이 있다고 할 수 있습니다.

---

15. 역자주 – 16세기 이탈리아 신학자, 파우스투스 소시누스(Faustus Socinus)의 신조와 교리로, 그는 삼위일체와 그리스도의 신성, 마귀가 인격체라는 사실과 인간이 본질상 전적으로 타락했다는 사실, 대속적인 구속과 영원한 형벌을 부인했습니다. 그의 이론은 다음과 같습니다. 그리스도는 하나님께 위임을 받은 인간으로 동정녀 마리아가 잉태하기 전에는 전혀 존재하지 않았다고 보며 인간의 죄는 아담의 죄를 모방한 것이고, 인간의 구원은 그리스도의 덕을 모방하고 받아들임으로 가능하다고 보았습니다. 또한 성경은 인간의 이성으로 해석이 가능하며 성경의 언어는 비유적이어서 문자 그대로 이해해서는 안 된다고 보았습니다.

학식이 깊은 한 현대 작가는 근대 범신론의 신조와 인도 불교의 신조 사이에서 드러나는 금욕적인 일치성을 지적한 바 있습니다. 이와 마찬가지로 근대 네올로지스트(Neologists)[16]와 합리주의자들이 사실상 부활한 비들과 스말시우스(Smalcius), 모스코로비어스(Moscorovius)라고 볼 때, 이들을 쉽게 이해할 수 있을 것입니다. 두 세기 동안 먼지에 쌓인 채 잠자고 있던 이러한 글들에서 학생들은 거듭해서 동일한 견해들을 만나게 됩니다. 오웬을 경악하게 만든 이 견해들은 불경한 대담함으로 쓰인 근대 독일 논문에서 동일한 논리와 해석으로 지지되고 있습니다.

여러분은 우리의 저자가 그 안에 머물기를 즐거워했던 이 학문적인 행각을 통해 이 정성 들여 저술한 작품의 본질 속으로 들어가게 됩니다. 이 안에서 오웬은 소시니아니즘의 역사를 시몬 마구스(Simon Magus)[17]의 시대로부터 그 자신의 시대에 이르기까지 이와 같은 많은 형태와 양상을 통해 추적하고 있습니다.

이 책이 다루고 있는 역사 중, 그 어떤 부분도 한창 논쟁이 되고 있는 소시니안의 술책에 관해 오웬이 언급한 것보다 더 영원한 가치를 지닌 것은 없을 것입니다. 그는 특별히 그들이 성경에서 찾을 수 없는 용어들의 사용을 반대하는 것에 주목하였습니다. 이에 관해 "비록 그와 같은 용어들이 신자들에게 진리 자체를 표현하는 데 절대적으로 필요하지는 않을지는 몰라도 진리를 반대하고 유혹하는 자들의 교활함으로부터 진리 자체를 지키는 데는 여전히 불가피한 것일 수 있다"고 답변하였습니다.

---

16. 역자주 – 합리주의자(Rationalists)들과 같이 초자연적이고 계시된 종교를 파괴하려는 교리를 고수하고 소개하는 사람들입니다.
17. 역자주 – 사도행전 8장에 언급된 마술사 시몬의 지칭입니다.

그는 또한 그들이 자체 교리의 긍정적인 면을 진술하기보다는 복음주의 교리에 반대하여 트집을 잡는 경향이 있다는 사실에 대해 언급했습니다. 그리고 그들은 반대하는 것이 부적절한 것이거나 교리를 논박하는 것이 부담스러울 때면 교리의 본질적이지 않은 것을 고집하려는 성향이 있다고 지적했습니다.

얼마나 많은 종교의 비밀스러운 오류가 다음의 충고 안에서 샅샅이 훑어지고 있는지를 보십시오.

"색다름으로 탁월함을 꾀하려는 사탄의 덫을 주의하십시오. 거룩함에 이르거나 순종할 때 그렇듯, 지식과 빛 안에서 누구보다 뛰어나려 하거나 앞서려고 노력하는 것은 좋은 일입니다. 그렇지만 '바른 그 길 위에서' 는 어렵습니다. 많은 사람들이 진리로 다져진 길을 걷는 것으로는 자신을 중요한 인물로 부각시키는 것이 불가능하다고 생각합니다. 그래서 곁길로 빗나가거나 온건한 여행자가 전혀 주의를 기울이고 있지 않을 때 울타리와 도랑 위를 기어 올라감으로써 그들의 관심을 자신에게로 쏠리게끔 합니다."

그리고 기초가 든든히 정착된 믿음 안에 계속 거하는 것의 큰 비밀을 다음의 지혜로운 글로 표현하고 있습니다.

"이러한 본질에 있어서의 방향은 근면한 노력으로 우리 마음이 고백하고 있고, 우리 마음에 거하고자 다투고 있는 이 진리의 힘을 가지는 것입니다. 이것이 저에게는 전부와도 같은 것으로써, 우리가 개념을 놓고 싸우려는 것이 아니라 우리 자신의 영혼과의 실제적인 사귐을 위함입니다. 곧, 우리 정신이 감싸고 있는 교리의 거푸집 안으로 실제 우리의 마음을 내던지고 진리의 증거와 필요성이 우리 안에 거할 때, 그저 말에 대한 감각만이 머리에 있는 것이 아니라 본질에 대한 감각이 우리 마음에 거하고 있을 때, 그리고 우리가 위해서 싸우는 교리 안에서 하나님과의 사귐이 있을 때, 그때 우리는 사람들의 모든 맹공격을 막아 주시는 하나님의 은혜로 수비를 받고 있는 것입니다."

자신이 지키려고 투쟁하는 교리 안에서 하나님과 은밀한 사귐을 가지는 것이 땅에 뿌리를 박고 있는 것을 제외한 모든 것을 뒤흔드는 온갖 교리적 풍파 가운데서도 오웬을 한결같이 지킬 수 있도록 해 주는 참된 열쇠였습니다. 이에 관한 실례가 다음의 논문에 나와 있습니다. 그는 이 논문을 곧 세상에 내놓았고 여기서 논쟁의 목록으로부터 생명의 능력인 복음을 실질적으로 분명히 설명하는 것에 이르기까지 개진하고 있습니다. 이것은 『죄의 죽임에 관하여』(*On the Mortification of Sin*)라는 제목으로, 그의 로마서 8장 13절에 관한 설교의 내용을 담고 있습니다.

죄의 죽임

그는 이 책을 출판한 주된 동기를 다음과 같이 밝히고 있습니다. 먼저 그는 대중적인 논쟁의 영역에서 벗어나 필요성에 의해서가 아니라 선택에 의한 열매로 보이도록 더 일반적으로 사용될 수 있는 그 무엇인가를 만들어 내고 싶어했습니다. 또 다른 동기는 최근에 '죄의 죽임'에 관한 지침을 주도록 책임을 떠맡은 몇몇 사람들이 저지른 위험한 실수들에 대해 해독제를 공급하려는 것이었습니다. 이들은 복음의 신비와 그리스도의 죽으심이 가지는 효험에는 생소하게 여기면서도 그들의 제자들의 목에는 인간적인 힘으로 만들어 낸 죄 죽임의 멍에를 다시 한 번 부과했습니다. 사실 이것은 그들도, 그들의 조상들도 전혀 감당할 수 없는 멍에였습니다.

오웬이 여기에서 언급하는 논문들이 어떤 것인지를 우리가 알 길은 전혀 없습니다. 그러나 백스터가 초기에 이러한 종류의 작품으로 인해 해로운 율법적 편견을 가지게 되었다는 사실은 잘 알려진 바 있습니다. 그러나 테일러의 『거룩한 삶』(*Holy Living*)에서도 닿는 것은 무엇이든 감화시키고 변화시키는 그 위대한 진리들과 즉각 접촉하도록 우리의 정신을 이끄는 대신, 외적인 규율과 '거의 유익이 없는 육체적인 연습' 을 면밀히 기술하는 오류로부터 자유롭지는 못했습니다.

우리는 오웬의 책이 자신의 살아 있는 경험을 반영하고 있다고 믿을 수 있을 것입니다. 그러하기에 그의 작품은 복음적인 성화의 수단에 대한 고귀한 예증이 되는 것입니다. 그의 논증적인 작품에서 그는 마치 의학 주제에 대해 강의하는 강연자와도 같습니다. 그러나 여기에서 그는 실제 영혼의 질병을 치료하기 위해 약을 처방하는 뛰어난 의사였습니다.

뿐만 아니라 이 작품이 제공하는 풍부한 증거를 발견하는 것은 흥미롭습니다. 즉, 신학적 논쟁으로 떠들썩할 뿐 아니라, 마음을 빼앗는 고위 정치 상황과 관련된 복잡한 일과 대학의 냉랭함 가운데서도 그는 하나님과 가까이 지내고 있었습니다. 마치 광야에서 돌베개를 베고 자던 야곱처럼 영원하고 보이지 않는 그분과의 은밀한 사귐을 유지하고 있었던 것입니다.

이제 우리는 잠시 옥스퍼드의 상황으로 돌아가 보겠습니다. 다방면에 걸친 공무와 애써서 장황한 책들을 저술하는 가운데서도 오웬의 사고는 대학을 전혀 떠나지를 않았습니다. 그리하여 대학의 발전을 위한 그의 노력으로 대학 학장들의 협조뿐 아니라 호민관과 공의회의 격려를 받으면서 놀라운 번영을 보상받을 수 있었던 것입니다.

† 옥스퍼드에서의 유명한 이름들

이 시기에 안소니 우드(Anthony Wood)를 비롯한 다른 사람들이 보존해 놓은 옥스퍼드의 기록들을 살펴보거나 교우들과 학생들 가운데 훗날 위대한 이름을 떨칠 기라성 같은 이들에게 주목해 보는 것보다 더 흥미로운 것은 없을 것입니다. 이들 중 몇몇은 이미 그 유명세의 최고봉에 올랐고 다른 몇몇은 운명처럼 다음 차례를 기다리며 다가올 세대에 광명을 비출 인물로 밝게 빛나고 있었습니다.

이 시기에 오웬의 정신이 주역을 담당했습니다. 그의 지위와 성품으로부터의 영향력으로 그는 그 주변의 모든 사람들로부터 기꺼운 복종을 얻었습니다. 그리고 다른 한편으로 빈번한 회의와 많은 2절판의 책으로 서서히 구체화된 학문적인 연구에서 그는 막달린 대학의 학장, 토마스 굿윈(Thomas Goodwin)과 친밀한 우정을 나누었습니다.

스테판 차녹(Stephen Charnock)도 이미 많은 명예를 얻었습니다. 그는 장차 『하나님의 성품』(*Divine Attributes*)이라는 고귀한 논문 안에 형상화될 영국인의 지적 열정과 무르익은 헌신의 조짐을 벌써 보여 주었습니다. 포콕(Pocock) 박사는 경쟁 상대가 없는 동양학자로서 아랍 문학의 교수직에 있었습니다. 이미 천문학자로 알려졌던 세스 왈드(Seth Ward) 박사는 수학을 가르쳤는데, 그는 그 이후에는 영예롭지 못하게도 너무나 유연한 기회주의자로 알려졌으나, 역시 '시대의 모든 변화의 와중에도 결코 뼈를 꺾지 않은' 사람이었습니다.

로버트 보일(Robert Boyle)은 방해받지 않고 철학 공부를 할 수 있는 평온한 기회를 찾기 위해, 그리고 기도를 위한 모든 천연 양식을 발견하기 위해 이곳으로 도망쳐 왔습니다. 여러분은 다른 사람들보다 키가 크고 풍채가 훨씬 당당한 한 사람이 막달린 대학의 그늘진 길을 걷고 있는 모습을 볼 수 있을 것입니다. 그는 이곳에서 더 '의로우신 이의 복 주심'을 즐거워하고, 도서관의 한적한 곳에서 '플라톤의 정신을 내몰아가며,' 그의 '살아 있는 성전' 안에 조만간 형상화되고 영원성을 부여하게 될 거룩한 철학에 대한 배움과 사고를 축척하고 있었습니다.

신학의 예리한 주석가이자 알미니안주의의 가장 탁월한 옹호자인 다니엘 휫트비(Daniel Whitby), 건축가로서의 천재성으로 영국의 성들 중 가장 위대한 곳에 그 자체의 기념비를 세우고 있는 크리스토퍼 우렌(Christopher Wren), 펜실베니아(Pennsylvania)의 창시자이자 우리의 모든 기독교 교파 중 가장 신사답고 가장 자애로운 이들의 조상인 윌리엄 펜(William Penn), 영국의 가장 위대한 형이상학 학파의 설립자이며 철학의 원칙에 관한 관용의 기초를 놓은 존 로크(John Locke), 우리가 그의 건장한 지성과 비길 데 없는 문체에 관해서는 번갈아 가며 경탄하지만, 정당의 가장 저급한 목적에 이를 부복케 한 것에 대해서는 경멸해 마지않는 설교단 풍자가, 로버트 사우스(Robert South)의 기록도 찾을 수 있습니다.

또한 장차 바스와 웰즈의 주교가 될 사람으로, 그의 거룩함이 청교도들의 자발적인 존경을 자아내게 했으며 탄원자로서의 그의 양심이 이후 오랫동안 감옥에서 고통 받음으로 입증된 바 있는 토마스 켄(Thomas Ken), 지금 기도하고 있는 학생들의 작은 수련회를 향해 가고 있고, 오웬의 칭찬으로 오히려 더 겸손해졌으며, 그 멋지게 들어맞는 두운법(頭韻法) 시구와 훌륭한 개념 안에서 벌써부터 즐거워하고 있던 필립 헨리(Philip Henry)[18], 마지막으로,

---

18. 헨리의 아들은 아버지의 입술로부터 나온 두운법(頭韻法)과 개념들을 모아서 자신이 저술한 투명한 황색 주해집 안에 변치 않게 남겨 두었습니다.

하나님의 교회가 결코 소멸되도록 놓아두지 않을 작품이요, 왕정복고 시대의 임박한 잔혹함의 와중에 순교의 정신을 드러내고, 성 바돌로메의 날에 식어진 화덕과 숨죽인 교회를 드러내고 있는 작품인 『회심하지 않은 사람들에게의 경종』(*Alarm to the Unconverted*)을 착안해 내었던 조셉 얼라인(Joseph Alleine)이 지금 옥스퍼드의 명부를 장식하고 있습니다.

† 크롬웰로부터의 소외

그러나 정치 세계에서는 오웬의 부총장 재직을 빠르게 종식시킬 일들이 일어나고 있었습니다. 그는 지금까지 국가의 자유와 일반적인 이익이 크롬웰의 지배권과 엮여 있다는 강한 확신과 함께 모든 부분에서 크롬웰의 편이 되어 주었습니다. 심지어 그는 서부에서 펜러독(Penruddock) 장군 아래 왕정주의자들이 일어났을 때도 대학을 지켜 내기에 여념이 없었습니다. 뿐만 아니라 그의 전염적인 열정에 격노하여 그를 욕한 왕정주의자들 중의 한 사람이 그를 일컬어 '분칠한 하얀 머리에 검은 주머니가 달린 옷을 입고, 마치 영적인 아바돈처럼 오르락내리락하며 말을 달렸다' 라고 기술할 정도로 그는 그 주를 지키기 위해 기병들을 일으키기에 바빴습니다.

한편 대다수 의원회 의원들은 크롬웰에게 왕관과 왕의 칭호를 부여하자고 제안하였고, 호민관은 의회의 탄원을 분명하게 거부하지 않았습니다. 이에 오웬은 확실치는 않았지만, 이것이 새로운 전제 정치를 낳을지도 모르고, 그토록 많은 사람들이 지키려고 수고하고 고통을 감내한 그 자유를 다시 위험에 처하게 할지도 모르는 야망이 작용하고 있는 것은 아닌지를 의심하기 시작했습니다. 그리하여 오웬은 이러한 움직임을 반대하는 플릿우드 데스버러(Fleetwood Desborough) 장군과 대다수의 군대에 합류했고, 심지어 이러한 정책을 타파하게 만든 것으로 알려진 청원서를 올렸으며, 크롬웰에게 그 위험한 명예를 내려놓으라고 강요하기까지 했습니다.

이러한 대담한 일보로 오웬이 크롬웰의 눈 밖에 난 사실은 여러 가지 상황으로 곧 분명해졌습니다. 이때까지 오웬은 당시 모든 성직자들 중에서 가장 빈번하게 은혜로운 예배를 드리는 가운데 국가의 가장 중요한 일들을 놓고 설교를 하도록 초청을 받아왔습니다. 그러나 이 일이 있은 후 얼마 되지 않아, 크롬웰이 으리으리하고도 화려한 대관식과 함께 웨스트민스터 홀에서 호민관으로 취임하였을 때, 로키어(Lockyer)와 맨튼(Manton) 박사가 이 장엄한 의식을 집정하는 목사로 섰고, 오웬은 초대받지도 못했다는 사실로 정치적 바람이 어디서 어디로 부는지를, 사람들은 곧장 알아차렸습니다. 이것은 의미심장한 일이었고 오웬은 곧 결정적인 발걸음을 내디뎠습니다.

1657년 7월 3일에, 크롬웰은 대학의 총장직을 사임했고, 같은 달 18일에 그의 아들 리차드(Richard)를 후임으로 임명했습니다. 그리고 6주 후에 오웬을 부총장직에서 파면했으며, 장로교도이자 엑시터 대학의 학장인 코난트(Conant) 박사를 부총장으로 임명하였습니다.

오웬은 매우 그다운 모습으로 대중적인 삶에서 옥스퍼드의 직위를 사임하고 다른 사람의 손에 학교를 넘겨주었습니다. 그는 풍부에 처할 줄도 알았고 비천에 처할 줄도 알았습니다. 그럼에도 은혜롭지 않은 말은 입 밖에 내지 않았습니다. 혹은 분하고 쓰라린 마음을 덮기 위해 어떤 냉담한 주장을 펴지도 않았습니다. 오직 지금 정부가 그 직임을 넘겨주려는 친구의 탁월함에 대하여 감사하면서 주로 자신이 의식을 가지고 대학에 행했던 수고를 언급했을 뿐이었습니다.

대학 고별 연설에서 그는 대학 당국에 있는 동안 입학하고 졸업했던 수많은 사람들을 언급하고는 다음과 같이 계속하여 이야기하고 있습니다.

“여러 해 동안 체불되었던 교수들의 월급이 지급되었습니다. 그리고 존경할 만한 몇몇 직임들은 그대로 유지되었습니다. 대학의 권리와 특권을 원수들의 온갖 노력에 대항하여 지켜 왔습니다. 자금도 늘어났습니다. 대학의 많은 각계각층 사람들이 다양한 영예를 얻고 성직록에 올랐습니다. 새로운 훈련이 소개되고 세워졌습니다. 옛것들은 적절히 실행되었습니다. 품행이 바르지 않은 다툼가들의 투덜거림에도 불구하고 예의범절을 부지런히 가르쳤습니다.

수고하는 일꾼들은 헤아릴 수 없이 많습니다. 가장 막대한 비용을 감수해 주었을 뿐 아니라, 여러분의 은행 계정이 파산 직전까지 갔을 때, 저는 제 정신을 따라주지 못하고 무너져 버리는 이 팔다리와 연약한 육신을 미워했습니다. 저속한 이들의 질책은 무시했고 다른 이들의 시기는 극복했습니다. 이러한 상황에서 저는 여러분 모두가 번영하기를 바라며 마지막 인사를 고합니다.

다행히 이러한 부담으로부터 저를 해방시켜 줄 후임자가 있어 얼마나 기쁜지를 모릅니다. 여러분도 우리의 부주의함으로 여러분의 공사가 고통 받았을지도 모르는 어떤 상해라도 완전히 고쳐 줄 수 있는 이분으로 인해 기뻐하게 될 것입니다. …… 그러나 제 연설의 맥락이 어디로 저를 이끌어 갈지 모르기에 여기에서 그만 줄일까 합니다. 저는 이전에 했던 수고와 평소 돌보던 자들에게로 돌아가서 방해받았던 공부를 다시 시작하려 합니다. 대학에 있는 여러분 모두가 행복하시기를 바라며 이 마지막 인사를 드립니다.”

제6장

신학자이자 저술가, 그리고 정치가로

Theologian, Writer and Statesman

오웬처럼 우리의 신학과 문학을 풍요롭게 하는 데 지대한 공헌을 한 사람들은 공적 생활의 시간을 아껴서 저술에만 전적으로 몰두할 수 있었으면 좋겠다는 기대를 내비치곤 합니다. 그러나 이러한 생각이 과연 지혜로운 것인지는 매우 의문스럽습니다.

어느 정도 실질적인 삶과 접촉하는 것이 가장 지고한 사상을 가지거나 저술 활동을 하는 데 있어서 불가피하다는 사실은 경험으로 입증됩니다. 방해받지 않은 여가 가운데서 문학적인 정신은 종종 병든 사고와 병약한 까다로움의 습관으로 퇴화되는 경향이 있습니다.

예를 들어, 수도원의 관습에 젖은 사람들의 작품들은, 고요한 학문으로부터 호출되어 폭풍에 맞서고, 커다란 사회 갈등의 움직임을 인도하라는 목소리에 순종하도록 늘 준비되어 있는 사람들의 작품과 비교해 볼 때, 세상을 위해 한 일이 거의 없음이 분명하게 드러납니다. 곧 자신의 세대를 위해 가장 열심히 살았던 사람들이 또한 그 후대를 위해서도 가장 유용한 삶을 사는 것입니다.

오웬이 부총장의 자리에서 물러난 것은 과도한 공적(公的)인 일로부터의 가장 시기적절한 해방으로 간주할 수 있을 것입니다. 그러나 그렇듯 심한 몸부림과 삶의 가혹한 현실이 그의 지성과 마음에 자극을 주지 않았다면 그가 그토록 많은, 그리고 훌륭한 글을 쓸 수 있었을까를 의심하지 않을 수가 없습니다. 마지막 날에 이르기까지 그는 자신의 걸출한 동료 리챠드 백스터만이 유일하게 견줄 수 있을 정도로 거의 신비에 가까울 정도의 풍부한 저술 활동을 하였습니다. 동시에 그는 가장 다사다난했던 당시의 위대한 교회 운동의 제2인자라고 하면 서러울 정도로 중요한 위치를 차지했습니다. 이것이 이제 우리가 황급히 따라가려고 하는 그의 행로입니다.

† 사보이 신앙고백

다음으로 오웬이 관여한 위대한 공적 활동은 독립 교회 성직자와 대표자들이 그들의 신앙과 직제를 준비하려는 목적으로 사보이 총회 혹은 사보이 회의라고 알려져 있는 그 유명한 모임을 가지는 것이었습니다.

독립 교회 사람들은 호민관 정치 기간 동안 굉장히 융성해졌고, 많은 상황들로 인해 이와 같은 바람직한 모임들이 만들어졌습니다. 또한 웨스트민스터 총회의 장로교인들은 종종 그들의 신조를 이처럼 대중적이고 공식적인 형태로 설명하는 일의 중요성을 이들에게 강조했습니다. 10년 전에는 뉴잉글랜드의 독립 교회 형제들이 그들에게 본을 보여 준 적도 있었습니다. 이처럼 서로의 관점을 비교하고 협의하면서 얻을 수 있는 신앙적 유익이 이러한 모임을 장려했습니다. 뿐만 아니라 이들이 빈번하게 받아왔던 독립 교회라는 이름 아래 은둔하고 있는 사치스러운 신도들과 동일시되는 부당하고 잘못된 진술을 막기 위해서라도 이러한 방책은 아주 바람직한 것으로 여겨졌습니다.

그들은 다음과 같이 말합니다.

"아주 처음부터, 거의 대부분의 교회들은 일반적으로 동일한 색깔을 지니고 있음에도, 오직 말씀과 성령의 인도하심 아래에서 각자 출항하여 이 거친 시대의 광활한 바다 위를 제각기 따로 항해하면서 온갖 교리의 바람에 노출되어 있는 배들의 형국과 똑같았습니다. 그리고 뛰어난 장로들과 요직에 있는 형제들은 서로 연합하기보다 그들이 어디에 있는지를 알게 해 주는 동일한 빛을 다른 이들에게 그저 비추고 있었을 뿐이었다는 사실을 고백하지 않을 수 없습니다."

크롬웰은 상당히 꺼려하기는 했지만 이와 같은 모임을 허락했습니다. 그는 웨스트민스터 총회의 절차를 감시했던 염려스러운 질투를 기억하고 있었기에 어쩌면 지금 신학적 토론에서 시작된 일들이 대중적인 방책에 대한 위험한 검토로 끝이 날 수도 있음을 두려워했는지도 모릅니다. 그러나 그의 거리낌은 마침내 극복되었습니다. 교회의 목사들과 대표자들을 초대하는 회람이 돌려지고 2백 명이 넘는 형제들이 이 소집에 응하여 참석했습니다.

그들은 지금은 보통 크롬웰 법정의 사무원들의 숙소로만 쓰이고 있는 건물이지만 이전에는 수도원이자 병원으로 사용되었던 곳에서 만났습니다. 이 건물은 원래 이 총회의 이름을 따온 사보이 공작(Duke of Savoy)의 궁정으로 스트랜드에 있었습니다. 오웬과 굿윈이 직무를 감당했던 이 의원회는 매일 아침마다 교리 선언문을 준비했습니다. 그리고 준비된 이 교리 선언문은 총회 앞에 놓여진 후 논의되고 인증되었습니다.

그들은 감사하게도, 비록 홀로 출항했지만 모두 동일한 해도(海圖)를 읽으며 키를 조종하고 있었고, 하나의 동일한 항구를 향해 가고 있었다는 사실을 발견했습니다. 그리고 지금 이루어진 일반적인 조사에 의거해 볼 때, 세계에 있는 그리스도의 다른 교회들 가운데 현재 행해지고 있고 정당성이 인정되는, 거룩하고 복된 진리들이 그들의 적재물이었다는 사실을 역시 발견했습니다.

교회 직제에 관한 선언문을 제외하고 사보이 신앙고백문의 조항들이 웨스트민스터 신학자들의 고백문의 조항과 거의 닮았다는 것- 대부분 같은 단어를 사용하며 유지하고 있습니다 -은 흥미로운 사실입니다. 이것은 이 고결한 요약문의 탁월함에 대한 지고하고 은혜로운 찬사였습니다.

몇몇 선언문의 양식 때문에 기분이 거슬린 백스터가 사보이 총회를 심하게 반박하는 편지를 썼음에도 불구하고, 오히려 놀라운 헌신의 영이 이 회의를 활기 넘치게 지탱해 주는 듯했습니다. 한 목격자는 이렇게 말하고 있습니다. "내가 태어나서 지금까지 알아왔던 것 중에서 가장 분명한 주님의 임재가 그 당시 총회를 이룬 사람들과 함께 있었다." 그리고 이 경건함은 자연스럽게 '머리 되신 그리스도를 붙잡고 있는' 다른 교회들을 향한 더 커진 사랑으로 나타났습니다.

우리가 이미 몇몇 아름다운 발췌문을 본 바 있고 오웬이 작성했다고 생각되는 고백문의 서문에서, 이 복된 사랑의 정신은 우리 시대의 살아 있는 교회들이 그토록 소망 어리게 가리키고 있는 그 영속한 지점에 이미 다다른 듯한 언어로 빛을 발하고 있습니다. 우리는 한 곳에서 '장로교도들과 독립 교회 사람들 사이의 차이는 동료 일꾼들의 차이다' 라는 것과, 또 다른 곳에서 '믿음 안에서 온전하고 훌륭한 대화를 나누는 사람들로 구성된 교회들은, 비록 그들이 교회 직제의 동일한 규율을 따라 모든 것에서 함께 걷지 않는다

할지라도 서로 교제하는 것을 거절해서는 안 된다' 라는 원칙이 언명되고 있음을 상기해 봅시다.

사보이 신앙고백은 독립 교회 사람들 사이에서 일반적으로 쓰이지는 않았지만, 그 첫 출판이 최고의 효과를 거두었다고 생각할 만한 이유는 충분했습니다. 십중팔구 필립 헨리가 이 시기를 특징짓는 것으로 기술해 놓았을 그 행복한 상태는 부분적이기는 했지만 사보이 신앙고백이 가져온 본질적 연합의 확신 때문이었습니다. 그는 이렇게 말하고 있습니다. "전국적으로 훌륭한 사람들의 성품이 크게 변화되었고, 마치 그들의 오랜 부딪힘을 피곤해해서 화평하고 연합하려는 것처럼 강력한 움직임이 일어났다."[1]

† 올리버 크롬웰의 죽음

우리는 호민관의 수명(壽命)이 더 연장되었다면 이러한 과정들이 그의 정책에 따라 어떠한 효과를 내었을지를 단지 추측만 할 수 있을 것입니다. 사보이 총회가 토의를 시작하기도 전에 올리버 크롬웰은 화이트홀에 있는 궁정에서 지독한 질병으로 고투하고 있었습니다. 그는 정부에 관한 염려와 그의 가장 사랑하는 딸인 클레이폴(Claypole)의 죽음으로 인하여 그의 강철 같은 체력에 심한 타격을 입었습니다. 이제껏 영국을 흔들었던 폭풍 중에서 가장 끔찍한 폭풍이 치던 밤이자, 그의 가장 위대한 몇몇 전투의 기념일이기도

---

1. 우리를 위해 보존된 오웬 박사의 얼마 되지 않는 편지들 중의 하나가 이 고백과 관련되어 있습니다. 비교적 출중한 한 프랑스 성직자인 피터 뒤 물랭(Peter du Moulin)은 너무나 귀한 이 문서를 불어로 번역하기를 바랐습니다. 그러나 그렇게 하기 전에 그는 과감하게 이 문서의 특정 의미와 표현에 대해 약간의 비판을 했습니다. 특별히 비평받은 부분을 물랭이 오해한 것이었기에 이 부분을 잘못 나타내고 있어, 오웬의 답변은 다소 분노를 드러내고 있습니다. 부록을 참조하십시오.

했던 1658년 9월 3일에 올리버 크롬웰은 영원한 세상으로 떠났습니다.

이 놀라운 사람의 성품을 기술하는 것이 이 글에 있어서의 중요한 부분은 아닙니다. 하지만 오웬을 논하기 위해서 불가피하게 그의 인생사와 빈번하게 접촉할 수밖에 없기에, 우리가 그의 신앙적 진실함을 확신하고 그의 위대함을 존경한다는 마음을 굳이 숨기지 않았습니다. 아무리 사람들이 그의 결점을 과장해서 말한다 할지라도 그의 성품을 표현하는 위선적 이론은 존속될 수 없습니다. 그러한 이론은 너무 오랫동안 역사의 틀에 박힌 상징이 되어 왔기 때문입니다.

크롬웰의 신앙을 전혀 신뢰하지 않는다면, 어떻게 그의 위선이 오웬처럼 그를 지켜볼 수 있는 최상의 기회를 가졌던 당시의 가장 신앙심 깊은 사람들의 탐지를 피할 수 있었는지를 우리에게 설명해야 할 것입니다. 혹은 그의 전제 정치를 비난한다면 어떻게 그의 통치 아래 있던 영국이 이전의 그 어떤 때보다 더 많은 자유를 누릴 수 있었는지를 우리에게 이야기할 수 있어야만 할 것입니다.[2]

또한 그의 성품 안에 일반적인 애국심의 자질이나 심지어 배포 큰 정치가로서의 수완도 없었다면, 그가 영국의 내적 자원을 이전의 지배자들이 결단코 접근해 본 적이 없는 정도로 발전시켰다는 사실을 부정해야만 할 것입니다. 그가 폭군들에게는 무시무시한 이름이 되었고, 피드먼트 계곡에서 피 흘

---

2. 케넷(Kennet) 주교는 오래 전에 크롬웰이 다스리는 동안, 영국 감독 교회를 반대하는 교회 규례와 관련하여 참된 진술을 전해 주었습니다. 그는 다음과 같이 말합니다. "호민관이 그 개인과 정부의 평화와 안전과 조화되는 한 자유를 지향했고 모든 정당에게 최대의 자유를 허용했다는 사실과 심지어 그가 감독 교회 정당에 대하여 가지고 있던 편견도 그들이 좋은 옛 교회의 모습을 가졌기 때문이기보다 왕정주의자들이었기 때문이었다는 것은 분명합니다." 실제 이 규례는 정치적 위반자였던 성직자들을 반대하는 경우가 아닌 한 집행되지 않았습니다.

린 왈도파[3]와 같이 그의 긍휼함을 구하는 사람들에게는 방패막이가 될 정도로 그의 나라를 유럽에서 최강의 위치에까지 올려놓은 업적을 부정할 수 없기 때문입니다.

버넷(Burnet)과 같은 작가들은 오웬을 비롯한 청교도 지도자들이 호민관의 쾌유를 위해 가장 뜨겁게 기도했고, 크롬웰이 죽은 후에 금식하면서 리차드와 리차드 가족의 면전에서 그를 데려가신 것에 대해 불경스러우리만치 하나님을 원망했다고 기술하고 있습니다. 이처럼 흥미진진한 위기의 순간에 버넷과 같은 탁월하고 훌륭한 작가들이 상황을 더욱 극적으로 묘사하기 위해 하나도 과장하거나 극단적으로 기술하지 않았다고 단언하는 것은 무리일지도 모릅니다.

그럼에도 불구하고 오웬이 호민관의 임종 자리에 결코 있지 않았다는 것은 모든 면으로 볼 때 타당합니다. 그리고 그 근원을 추적해 보았을 때, 버넷의 진술[4]은 아마도 그 반대로 오해했던 것으로 보이는 틸로슨(Tillotson)의 관점에서 비롯되었다고 보는 것 역시 타당합니다. 우리는 모호한 소문을 전기문의 사료로 받아들여서는 안 될 것입니다.

동시에, 크롬웰의 죽음으로 오웬과 그의 친구들이 깊은 슬픔과 심각한 불

---

3. 역자주 – 왈도파(Vaudois, Waldoeness)는 1170년경 남부 프랑스에서 일어난 기독교의 일파로 피에르 왈도(Pierre Waldo)가 창시하였습니다.

4. 버넷처럼 오웬을 비난하는 사람들 중 어느 누구도 오웬을 열광적인 말로 직접 비난하지는 않았지만, 그들의 터무니없는 행동은 짐작하고도 남을 것입니다. 굿윈은 다음과 같은 말로 불평했다고 기술되어 있습니다. "주님, 당신은 우리를 속였고 우리는 속았습니다." 버넷은 이 말을 뻔뻔스럽고도 열광적인 담대함이라고 여겼습니다. 하지만 이 말이 사용되었다 하더라도 그것은 분명 예레미야서 20장 7절의 말씀을 인용해서 선지자 본인이 "여호와여 주께서 나를 권유하시므로 내가 그 권유를 받았사오며"라는 말씀의 의미로 사용한 것입니다. 이것은 아마도 다른 비난들의 어설픔을 보여 주는 실례가 될 것입니다. 『오운 타임즈』(*Own Times 1*, p. 116, 117).

안에 잠기게 되었다는 사실은 의심의 여지가 없습니다. 크롬웰은 그들의 신앙적 자유에 지대한 보호막이 되어 주었으나 이제 그의 죽음으로 그 보호막은 사라졌습니다. 크롬웰은 살아 있는 동안에 종종, '그들은 모든 것을 다시 혼란으로 몰아갈 것이다' 라고 예견하기도 했습니다. 그의 지배의 손이 거두어지자, 짧은 시간 동안에 임한 쇠락은 그가 미래를 딱 들어맞게 예견했다는 사실을 보여 주기에 충분했습니다. 그러나 다가오는 세월의 빠른 변화를 들여다보기 전에 우리는 저자로서의 오웬의 과업으로 다시 한 번 기수를 돌려야만 합니다.

† 이후의 저작들

1657년에 그는 가장 독실한 논문들 중의 하나인 『삼위 하나님과의 교제에 관하여』(*Of Communion with God the Father, Son, and Holy Ghost*)라는 작품을 출판했습니다. 이 작품은 그가 옥스퍼드의 부총장으로 있는 동안 설교했던 설교 시리즈의 내용을 가지고 만든 것으로써 그가 그처럼 높은 공직에 매여 쉴 틈 없는 동안에도 하나님과 친밀하게 동행한 또 하나의 증거가 됩니다.

그가 성경적 전례가 전혀 없는 정도로까지 신자와 삼위 하나님의 각 위격 간의 개별의 교제에 관한 개념을 전했다는 사실에는 의심의 여지가 없습니다. 이것은 그가 다루고 있는 특정 주제를 중심에 놓고 그 주변에 위대한 복음의 모든 진리를 모아들이는 그의 또 다른 습관에서 비롯된 것으로, 심지어 이 독실한 글에서도 어느 정도 드러납니다. 그러나 오히려 이러한 연역적(演繹的) 방법은 오웬의 이 작품을 더욱 풍요한 보배로 여겨지도록 합니다. 그는 이 책을 통해 우리를 푸른 초장과 쉴 만한 물가로 인도하며 하나님 안에서 그리스도와 함께하는 그리스도인들의 숨겨진 삶의 다함 없는 샘을 활짝 열어 보여 주고 있습니다.

이 책의 몇몇 부분은 이해하기가 쉽지 않습니다. 심지어 몇몇 사람들에게는 논리적 맥락이 없는 교리처럼 보이기까지 합니다. 그러하기에 20년 후에 이 책에 대한 한 합리주의 목사의 조롱 어린 평이 그다지 놀랍지 않습니다.[5] 그러나 영적인 삶에 대해 그저 희미하게나마 알고 있는 사람에게 있어서 이 책을 숙독하는 것보다 더 마음에 맞고 유익한 운동은 없을 것입니다. 이것은 마치 밟혀 다져진 먼지투성이의 길을 지나 가장 향기로운 꽃으로 만발한 정원 안으로 들어갔다가, 정원에서 돌아와도 여전히 그 향기가 어느 정도 당신 주변에 묻어나서 당신이 어디에 있었는지를 드러내 주는 것과 같습니다. 이처럼 약간의 영적 감수성을 가지고 이 책을 읽은 사람들이라면 이 책에 관한 다니엘 버기스(Daniel Burgess)의 격찬 어린 말에 동의할 것입니다.

“스페인의 왕인 알폰서스(Alphonsus)가 『리비우스』(*Livy*)를 읽으면서, 또한 시칠리아의 왕 페르디난드(Ferdinand)가 『퀸투스 쿠르티우스』(*Quintus Curtius*)를 읽으면서 양식과 치료제를 발견했다고 전해집니다. 그러나 여기 당신 앞에 더 고귀한 즐거움과 훨씬 더 광대하고 부요한 진미, 그리고 비교

5. 『예수 그리스도를 아는 지식 및 그분과의 연합과 교제에 관한 논설』(*A Discourse concerning the Knowledge of Jesus Christ and our Union and Communion with Him*)이라는 제목의 논문에서 셜록(Sherlock) 박사가 오웬의 책에 대한 비판을 했습니다. 이에 대해 오웬은 『버톨프 래인의 성 조지 교회의 목사, 윌리엄 셜록의 이의로부터 하나님과의 교제에 대한 몇몇 부분의 해명』(*A Vindication of some Passages concerning Communion with God, from the Exceptions of William Sherlock, Rector of St. George's, Buttolph Lane*)이라는 책에서 답변하고 있습니다. 이 논쟁은 상당한 수의 투사들을 전장으로 내몰았고 일련의 시간 내내 오래 연장되었던 것으로 보입니다.

할 수 없을 만큼 더 지고한 치료제가 있습니다. 저는 플리니우스(Pliny)가 '기쁨과 치유의 혼합' – 은혜와 위로, 거룩한 삶과 생명력으로 이끌어 주는 것들 –이라고 말했듯이, '여기 당신 앞에 가장 고귀한 바로 그 천사의 양식이 차려져 있다' 고 말하고 싶습니다."

분열

같은 해에 오웬은 '분열' 이라는 주제에 관한 중요하고도 오랫동안 지연되었던 논쟁에 관여했습니다. 그는 이 논쟁으로 인해 연이어 책을 출간했고 많은 적들의 공격에 노출되었습니다. 포스터(Foster)는 어떤 정확한 의미도 부연 설명하지 않은 채, 조롱 내지 비난의 여지가 있는 논쟁점을 답변해 줄 요량으로 많은 말들을 사용하려는 편법에 관해 비아냥거리며 언급한 바 있습니다. 여기서 불쾌한 용어인 '분열' 이라는 단어의 일반적인 사용이 이에 해당하는 실례입니다. 가장 유력한 종교 당파들은 언제나 이 가증한 무기를 어떤 이유로든 그들로부터 탈퇴한 사람들에게 휘두를 준비가 되어 있었고, 그 용어는 그 모호함으로부터 주된 힘을 끌어내고 있었습니다. 로마 가톨릭은 이것을 종교개혁을 일으킨 교회들에게 내던졌습니다. 그리고 로마와 떨어져 있는 거리의 정도가 각기 다른 개혁 교회들조차도 서로를 향해 이 단어를 내던질 준비가 너무나 잘 되어 있었습니다.

오웬과 그의 친구들은 이제 이 용어가 그들에게 빈번히 사용되는 가운데서 낳게 된 해악을 느끼기 시작했습니다. 마침내 오웬은 특별히 이 용어의 영적인 사용과 교회적인 사용 사이를 식별함으로써 이 용어로부터 오는 유해성을 제거하기 위해서는 단순히 그 본질적인 의미만을 정의내림으로써 이 주제를 놓고 책을 써야 한다고 확신하게 되었습니다. 이러한 신념이 그가 『분열이라는 용어의 참된 본질』(*A Discovery Of Schism*)이라는 논문을 쓰도록 이끌었습니다. 이 글에서 그는 성경에도 기록된 것처럼, 분열은 성도들 간에 서로를 향하여 이루어지도록 의무 지워진 사랑, 신중함, 인내와는 반대로 특정 교회 성도들 간에 이유 없는 차이와 분쟁 안에 존재한다는 것을 보여 주고 있습니다.

이로부터 두 가지 결론에 이르게 됩니다. 하나는 어떤 교회가 분열되는 것이 자연적인 것이 아니라는 사실과, 다른 하나는 부패 내지 폭정에 의해 분열을 불가피하게 만든 교회들이야말로 진짜 종파분립론자들이라는 것입니다. 따라서 빈센트 알소프(Vincent Alsop)가 재치 있게 언급하고 있듯이, 이 큰 총을 다룰 책임을 지닌 사람은, 총이 자기 집에 발사되지 않도록 매우 주의하면서 총을 잘 닦아 둘 필요가 있는 것처럼 말입니다.

이 책은 오웬의 논쟁이 되었던 가장 우수한 논문 중의 하나로, 포괄적이면서도 몇몇 그의 작품의 결함이기도 한 논변적인 것이 눈에 띄지 않는 작품입니다. 그는 작가로서 그가 가진 가장 위대한 탁월함인 바, 훌륭한 해석학적 재능, 정통한 성경 지식, 교회사의 저장고를 완전히 숙독한 해박한 지식을 펼치고 있습니다.

해몬드(Hammond) 박사가 감독 교회 사람들의 입장에서 그에게 응수를 했습니다. 그리고 그 정신이 일반적인 장로교도들과 전혀 일치되지 않는 격렬한 작은 새라고 오웬을 평했던, 다니엘 커드레이(Daniel Cawdrey)도 장로교도들의 입장에서 그에게 응수를 했습니다. 그러나 오웬은 이 분야에서 논의할 여지가 없는 대가(大家)로 존속됩니다.[6]

---

6. 이 논쟁 가운데 오웬에게서 나온 다른 작품들은 커드레이 때문에 촉발되었습니다.

1) 다니엘 커드레이가 분열에 관해 영국 회중 교회에 부당하게 부과한 비난을 해명하고 있는 분열의 참된 본질에 관한 논평.

2) 1658년, 커드레이가 분열의 본질에 관해 논한 최근 논문에 대해 커드레이를 반대하여 존 카튼

갖가지 성경 필사본

우리가 다음으로 기술해야 할 논쟁은 이와는 다른 부분입니다. 오웬은 '우리는 어떻게 성경이 하나님의 말씀인 줄 아는가?' 라는 질문의 답변으로, 『성경이 가진 본질상의 신적인 권위와 스스로 증명하는 빛과 능력에 관하여』(*Of the Divine Original Authority, Self-evidencing Light and Power*)라는 가치 있는 소논문을 준비했습니다. 제목에서 명시된 바와 같이, 이 책의 주된 의도는 성경의 외적인 증거와 전혀 상관없이, 성경 진리의 본질과 마음에 미치는 효과로써 성경 자체가 성경이 뿜어내는 신적인 원천의 만족할 만한 증거를 포함하고 있다는 사실을 입증하였습니다. 이 논증은 그 후로 핼리버튼(Halyburton)이 위엄 있게 다루었고, 찰머스(Chalmers) 박사가 그의 책 『조직 신학』(*Theological Institutes*)에서 예증하고 조명했습니다.

이 소론에서 오웬은 '신구약 성경은 하나님 자신에 의해 즉각적으로 그리고 전적으로 주어졌다. 즉 일점일획도 바뀌거나 수정할 여지가 있는 어떤 매개체나 방법이 조금도 개입되지 않은 채, 하나님의 뜻이 그 안에서 우리에게 나타난 것이다. 그러하기에 말씀과 교회를 향한 하나님의 사랑 안에서, 그분의 선하시고 인자하신 섭리에 의해, 처음 하나님이 우리에게 주신 말씀은 원래의 언어로 우리에게 완전히 보존된 것이다' 라는 입지를 내놓았습니다.

이 소론이 인쇄 중에 있을 때 마침 브라이언 월튼(Brian Walton)의 헤아릴 수 없을 만큼 귀하고 불멸의 가치를 지닌 작품의 서문과 색인이 오웬의 수중에 들어오게 되었습니다. 오웬은 월튼과 그의 조수들이 필사본과 번역문을 대조한 결과로 소개하고 있는 다양한 본문들이 아주 탁월하게 나열되어 있는 것을 보았습니다.

(John Cotton)이 쓴 항변의 첫머리에 붙인 것으로 존 카튼이 직접 쓰고 오웬이 편집한 답변.

그러나 그는 월튼의 원칙을 보고 놀라움을 금치 못했고 그가 성경의 권위를 일촉즉발의 위험에 두었다고 생각하게 되었습니다. 그래서 '최근의 다중 번역 성경에 붙은 서설과 색인에 관한 고찰로서 신구약 성경의 히브리어와 헬라어 본문의 순결함과 고결함에 대한 입증' 이라고 제목을 붙인 소론에서 오웬은 서둘러서 월튼이 수많은 다양한 본문을 지나치게 과장했다는 사실과 월튼의 원칙을 허용하면 곧장 로마 가톨릭이나 배교로 이끌어 갈 것이라는 사실을 입증[7]하려고 애썼습니다.

그러나 다양한 본문들에 관한 사실들이 얼마나 부인할 수 없는 것이고 오웬이 이에 관해 표현한 두려움들이 아무 근거 없이 터무니없는 것이며 월튼과 그의 동료들이 그토록 고결하게 가꿔 놓은 지역에서 학식 있는 성경학자들이 행한 수고가 영감 있는 정경 안에 둔 우리의 확신을 교란시키기보다 오히려 얼마나 확증해 주고 있는지는 말할 필요도 없을 것입니다.

'계시' 라는 주제에 있어서 당대에 능가할 사람이 없었으며 필적할 사람조차 없었던 인물이 어떻게 그 거룩한 성경 자체의 고결함과 관련된 문제에 대해서는 무지했는지를 설명하는 것은 어렵지 않습니다. 오웬이 범한 오류는 결국 그 자신도 불완전하게 알고 있다고 인정한 바 있는 주제에 관해 너무 광대한 주장을 한 것이었습니다. 그래서 단순히 이전의 근거로부터 매우 풍성한 증거로 지지되는 사실들에 대해 도전하며 이러한 사실들을 가장 혐오스러운 결과로 비난하는 오류를 범했던 것입니다.

성경에 대한 선입견적인 개념과 부정확한 해석을 토대로 명백한 과학의 몇몇 발견들을 의문에 붙인 신학자들은 이러한 사실로부터 경고를 받아야

---

7. 오웬은 이 작은 책 안에 그의 세 번째 소논문 「광신도를 위한 지침」(*Exercitationes adversus Fanaticos*)을 포함시켰고, 그 안에서 다소 가혹하게 퀘이커교도들을 다루었습니다.

하고, 어디에서 나왔건 간에 진리는 하나님의 말씀을 결코 위험에 놓이게 할 수 없다는 사실을 분명히 알아야 합니다.

오웬보다 자신이 더 우세한 것을 보자, 월튼은 그의 책, 『고찰된 사고자와 옹호된 다중 번역 성경』(*The Considerator Considered, and the Biblia Polyglotta Vindicated*)에서 자신의 입장을 성공적으로 주장했습니다. 그리고 그는 온 힘을 다해 오웬을 학계에서 조롱거리가 되도록 만들었습니다. 비록 그가 오웬과의 논쟁에서 승리자가 된 것은 사실이지만, 그의 행동거지의 오만함은 학자적 열정 이상의 무언가가 그를 이 다툼에 몰아넣은 것은 아닌지, 혹은 성직자들의 격노한 감정이 그로 하여금 청교도의 지도자이자 투사인 오웬을 재 가운데로 낮추게 하는 것을 꺼려하지 않게 만든 것은 아닌지를 의심하도록 부추깁니다.

이 논쟁은 당대를 온통 뒤흔들어 놓았습니다. 찰머스 박사는 이 논쟁의 두 투사들이 지닌 각각의 우수함을 격찬하며 다음과 같이 평하고 있습니다.

"다른 정신을 가진 바 전혀 닮지 않은 두 사람 사이에 있었던, 내가 알고 있는 이 질문에 대한 가장 흥미 있는 격돌이 우리 성직자들 중 가장 학식 있는 『런던 다중 번역 성경』(*London Polyglott*)의 저자라기보다 편집자에 가까운 브라이언 월튼과, 우리 교파 중 가장 재능이 많고 열정적인 죤 오웬 사이에 있었습니다. 오웬은 이 전투에 자신을 아주 거세게 몰아넣었고 월튼의 학식의 결과로 인해 가당치 않은 놀라움에 빠졌습니다.

월튼은 마치 신비주의자나 광신도에게 하는 것처럼 경멸하며 그의 대적자를 되받아쳤습니다. 이처럼 적대적인 갈등 관계로 대치된 두 속성을 결합했다면 틀림없이 완벽한 신학자를 만들어 냈을 것입니다. 이보다 더 혐오스러울 수 없는 고위 성직자의 군주적인 오만함이나 청교도의 난폭한 격렬함이 없었더라면 성령의 지혜와 연합하여 학문의 지혜를 이루었을 것입니다.

우선, 모든 위대하고 다양한 해석을 펼치는 것을 성경의 고결함을 뒤흔드는 것이라고 파악한 것은 오웬 편에서 무지한 것이었습니다. 그러나 다음으로 월튼이 비국교도들 중의 많은 사람들을 '새로운 빛을 가진 사람들' 내지는 '떠벌리는 광신도'로 분류하고 간주하는 것을 볼 때, 우리는 그의 정신과 진지함에 대해 의심하지 않을 수 없게 됩니다.

비록 비국교도들 중 많은 사람들이 그 용어에 대한 신학의 지식 면에서 월튼보다 훨씬 뒤쳐져 있었지만, 그 교리와 도덕적 본성의 결핍과 원칙의 적용에 존재하는 신학의 주제에 있어서는 월튼보다 훨씬 앞서 있습니다."[8]

유혹

이 유감스러운 논쟁에서 벗어날 즈음, 오웬은 『유혹의 본질과 막강함에 관하여』(*Of the Nature and Power of Temptation*)라는 작품을 세상에 내놓았습니다. 이 작품은 이러한 걸출한 작품들 중의 또 다른 하나로, 그는 이 안에서 우리의 도덕적 본성의 결핍과 원칙과 관계가 있도록 신학의 교리들을 이끌어 오고 있습니다. 전체 문단들은 독자들에게 마치 이 책을 한 사람의 독자만을 위해 쓴 것과 같은 감흥으로 그 마음에 섬광을 터뜨립니다.

이 책의 서문에서 오웬은 (의심할 바 없이 사회 문제에 관한 그의 관점을 반영하면서) '하나님의 발자국이 깊은 곳에 놓여 있어 그 길을 알 수 없는 가운데 혼란하고 복잡하게 얽혀 있는 이 나라의 사회적 관심사와 관련된 은혜의 경륜'을 이야기하고 있습니다. 분명 크롬웰의 지도자적 천재성이 지배권에서 없어진 직후에 일어났던 일련의 급격하고 거친 변화들로 인해 아마도

---

8. 『조직 신학』(*Institutes of Theology*), 1. 287 – 성경 비평에 관하여.

그의 마음은 깊은 염려가 몰려왔고 경악스러웠을 것입니다.

이러한 변화들은 우리가 추적해야 할 영역이 아닙니다. 잘 알려진 바와 같이 리차드(Richard)의 연약한 손은 국가의 반대되는 요소들을 지배하기에는 부적당한 것으로 판명되었고 몇 달 후에 자진해서 사적인 삶의 야심 없는 행보로 되돌아가는 그의 모습을 보게 됩니다.[9]

† 복원된 군주제

오웬은 리차드를 호민관 정치에서 몰아내려는 계획에 가담한 것으로 인해 비난을 받았습니다. 그러나 이것은 맨튼(Manton) 박사가 어떤 대화의 일부분을 엿들은 것에서 받은 단순한 인상에서 비롯된 오해였습니다. 그렇기에 그는 평생 이에 대해 거듭 분개하며 부인했습니다.[10]

그 이후에 크롬웰 때문에 흩어진 장기의회의 남은 사람들의 소환이 뒤따랐습니다. 이것은 전체적으로 제한되지 않은 자유의 지속성을 가장 잘 보장할 것처럼 보았던 오웬이 충언한 방책이었습니다. 그러나 지배적인 군사력

9. 오웬은 리차드 의회 앞에서 '한 나라의 영광, 복음 고백' (사 4:5)이라는 제목의 설교를 했습니다. 머지않아 그는 장기 의회 앞에서 설교하게 되었는데, 이것은 그가 이와 같은 의회 앞에서 예배를 인도하도록 초대받은 마지막 경우였습니다. 이 설교는 보존되어 있지 않습니다.

10. 맨튼 박사는 오웬이 월링포드 하우스에서 격렬하게 '그는 반드시 자리에서 내려와야 하고 내려오게 될 것입니다' 라고 말했고, 이 사람은 리차드를 가리키는 것이라고 밝혔습니다. 그러나 맨튼 박사가 차후의 사건이 일어나기까지 이 말을 그다지 이해하지 못하고 있었다는 사실을 주지하는 것이 중요합니다(칼라미(Calamy)가 쓴 오웬의 생애에 대한 팔머(Palmer)의 기록). 이에 덧붙여 오웬이 이 비난을 정색하며 부인하는 것도 이러한 오명을 풀도록 도와줍니다. 『'빛이여 있으라' 에 관한 힐난』(*Animadversions on Fiat Lux*)의 127쪽에서와 애스티(Asty)가 보존한 '훌륭한 성직자' 의 증언에서 오웬은 리차드를 끌어내는 것에 반대했고 그들이 월링포드 하우스에서 하고 있었던 일이 불만스러워 병까지 날 정도였다고 말해 주고 있습니다.

을 지닌 정당의 명령을 기꺼이 따르려 하지 않은 의회는 군대 자체가 야심 어린 분파로 나뉘기 시작하는 동안 한 번 더 강제로 해산되었습니다.

새로운 위험이 북쪽에서 위협하고 있었습니다. 영국에 땅을 소유하고 있으며 특별히 군대에 대한 분할된 지위를 가지고 있는 몽크(Monk) 장군이 영국에 들어오기 위해 준비하고 있었던 것입니다. 그의 의도는 무엇이었을까요? 처음에 그는 독립 교회 사람들의 친구였으나, 후에는 장로교의 힘 있는 사람들의 편에 섰습니다. 그가 이제는 장로교도들은 지지하고 다른 교파들은 억압한 채 새로운 호민관 정치를 시작하려고 사력을 다하려는 것일까요? 아니면 왕정주의자들의 비늘에 창을 던지고 스튜어트 왕조를 다시 복원시키려는 것일까요?

카릴을 포함하여 구성된 독립 교회 성직자들의 사절단이 오웬이 쓴 편지를 몽크에게 전해 주기 위해 스코틀랜드로 파송되었습니다. 이 편지에서 오웬은 몽크가 영국에 들어오는 것의 부당함과 자신들이 가장 귀하게 여기는 자유가 위협당하고 있음을 설명하였습니다. 그러나 사절단은 몽크의 행동에 어떤 영향력을 행사하기는커녕 그의 궁극적인 의도도 간파하지 못한 채 돌아왔습니다.

다음으로 오웬과 그의 친구들은 몽크에게 강력히 저항하기 위해 군대를 일으키고자 사력을 다했고 독립 교회 사람들의 도움으로 10만 파운드의 재정을 모았습니다. 그러나 그들의 군대는 나뉘어 있었고 사기가 저하되어 있었습니다. 그 사이 몽크는 점차 런던으로 진입하더니 마침내 어떤 저항도 받지 않고, 그 자리를 다시 차지할 수 있으리라는 가능성을 발견한 수천 명의 장기의회 의원들의 환영까지 받으며 런던에 들어왔습니다.

곧 장기의회는 결국 그 자체 내의 동의로 해산되었고 얼마 있지 않아 컨벤션 의회가 소집되었습니다. 몽크는 마침내 지금까지의 간파할 수 없었던 가면을 벗어던지고 과감히 찰스 스튜어트로부터 받은 편지를 소개했습니다. 그의 부추김으로 왕과 영주, 평민이라는 이전의 제도를 회복하고 찰스를 그 조상의 보좌로 다시 추대해야 한다는 것에 대한 투표가 이루어졌습니다. 이에 오랜 시간의 내분과 동요 때문에 지칠 대로 지친 대다수의 국민들은 기쁨으로 이 변화를 환호했습니다.

그러나 이 광란의 순간에 국민과 왕권 사이에 격앙되어 왔던 그 생명과 같은 질문들의 조정 여부를 보장해 주는 그 어떤 수단도 취해지지 않았습니다. 따라서 전쟁이 시작되었던 초기와 같은 상태로 왕을 회복하고 시민법과 교회법 모두를 회복한 법령은 계층 제도를 다시 만들어 냈고 분리주의자들의 모든 계급을 인권을 박탈당한 계급으로 제정해 버렸습니다.

오웬과 그의 친구들은 '온화한 양심으로 존중할 것이다' 라는 브레다(Breda)에서 찰스가 해 준 약속 외에 그들의 신앙 자유를 존속해 줄 것에 대해 믿을 만한 것이 거의 없었습니다. 왕의 말이 그저 비참한 담보밖에 되지 않는다는 사실을 보는 데는 짧은 시간만으로도 충분했습니다.

백스터의 그 아름다운 말들이 이제 가장 어두운 지점에서 성취되고 있었습니다.

"하나님께서는 여름과 겨울, 낮과 밤의 주기적인 변화를 주셔서, 교회가 풍성한 여름에는 외적으로 자라게 하시고 역경의 겨울에는 내적으로 급속하게 자라게 하십니다. 그러나 대개 밤이 낮보다 길고 그 낮조차도 폭풍과 사나운 비바람이 몰아칩니다."

이제 청교도들에게 밤이 찾아오고 있었던 것입니다.

제7장

박해받는 청교도들

Puritans Persecuted

찰스가 복귀되기 몇 달 전에 오웬은 크라이스트처치(Christchurch) 대학의 학장직에서 쫓겨나면서 옥스퍼드와의 공식적인 관계는 모두 끊어졌습니다. 그는 이제 스타드햄(Stadham) 부근에 있는 고향 마을로 물러나서 한 작은 부지의 소유주가 되었습니다. 그곳은 그가 부총장으로 임직하는 동안 성 마리아 교회의 일정이 없는 주일의 오후마다 설교를 했던 곳이었습니다. 그렇게 모인 적은 수의 청중들은 이제 그가 그들의 목회자로 함께 있게 되어 기뻐하며 환영했습니다.

또한 그가 가장 공들여 저술한 신학 서적 중의 하나를 쓰도록 준비를 마친 것도 스타드햄에 있었을 때로 추정됩니다. 이 책은 그 제목만으로도 단번에 그 전반적인 계획과 범상치 않은 주제의 다양함에 대한 정확한 개념을 제공해 줄 것임을 알 수 있습니다.

『떼올로고우메나』(*Theologoumena*)[1]가 지금까지 라틴어 안에 잠겨 있는 것은 안타까운 일이 아닐 수 없습니다. 비록 몇몇 부분이 보다 최근의 작품으로 대체되기는 했지만, 학식으로 가득 찬 오웬의 그 드넓은 대지(大地)를 채울 만한 그 어떤 책도 영문판으로는 나와 있지 않습니다.

오웬은 이 조용한 마을에서는 괴롭힘을 당하지 않은 채 지낼 것이고, 초야에 묻혀 살면 보호를 받을 것이라고 기대했을 것입니다. 그러나 그는 새로운 통치자들의 관대함을 오판한 것이었습니다. 정부는 퀘이커교도들을 박해하는 법령을 통과시켰습니다. 이 법은 종교적 예배를 위해 인가받지 않은 장소에서 다섯 사람 이상이 모이는 것을 불법으로 규정하였습니다. 모든 분리주의자들에게 적용되도록 인허된 이 법령은 곧 오웬을 그의 직무로부터 추방시켰을 뿐 아니라, 그의 작은 양 무리들까지 흩어 버렸습니다.

머지않아 그는 고난에 처한 수많은 동료들로 자신이 에워싸여 있음을 발견합니다. 찰스가 보좌로 복귀되기를 간절히 바랐던 장로교도들은 자연스럽게 이러한 방침이 그들을 양심상의 가책 없이 국교회 안에 포함시켜 줄 것으로 기대했습니다. 그러나 찰스와 그의 내각은 이러한 소망을 무시하는 것이 위험하다고 생각되는 동안만 그 소망을 수락했습니다.

그리고 머지않아 통일령으로 2천여 명에 달하는 장로교도들을 박해와 빈곤으로 몰아넣었습니다. 이 일은 오웬이 상호간의 모든 차이에도 불구하고 지속적으로 사랑하고 존중했던 그 탁월한 사람들을 오웬과 한 번 더 가깝게 교제하도록 이끌어 주었습니다.

---

1. 역자주 – 『떼올로고우메나』(*Theologoumena*)는 신학의 본질과 발생, 진보와 연구에 관한 6권으로 엮인 책입니다. 이 책에는 참되거나 그릇된 종교적 예배의 기원과 성장, 그리고 더욱 주목할 만한 교회의 쇠퇴와 회복이 그 첫 근원지로부터 거슬러 내려오고 있습니다. 여기에 보편적인 은혜와 과학의 기원, 로마 가톨릭에 관한 기록, 서신들의 기원, 고대 히브리어 서신들, 히브리어 구두점, 성경의 번역본, 유대인 예식 등이 첨가되어 있습니다.

† 로마 가톨릭에 대항하여 개신교를 옹호하다

장래에 클라렌던(Clarendon) 영주가 될 에드워드 하이드(Edward Hyde) 경은 이제 대법관으로서 정부에서 가장 영향력 있는 사람이었습니다. 오웬은 비국교도들에 대해 날이 갈수록 심해지는 방책들을 완화해 주도록 설득하기 위해 에드워드 하이드 경과 접견할 수 있는 기회를 얻고자 온갖 수단을 동원하였습니다. 그러나 이 오만한 장관은 가차 없었습니다. 그는 오웬이 설교하는 것을 삼가야 한다고까지 주장했습니다. 그러나 동시에 이 청교도의 위대한 재능을 모르지 않았던 그는 현 시점에서 로마 가톨릭에 반대하는 내용을 저술할 것을 오웬에게 강하게 촉구했습니다.

오웬은 처음에는 첫 번째 금지 명령에 굴하지 않고 런던 및 그 밖의 다른 곳에서 은밀히 모인 소수의 회중에게 계속해서 설교했습니다. 뿐만 아니라 밀고자들의 감시가 허술하거나 박해의 바람이 잠잠해질 때면 이따금 대중적인 설교까지 하기도 했습니다. 그러했기에 두 번째 명령을 따르는 것은 오웬의 재량에 맡겨졌습니다. 이러한 상황들은 오웬의 성격과 그 당시의 정신과 경향을 모두 자세히 보여 주는 것이기에 흥미롭습니다.

프란치스코 수사(修士)인 존 빈센트 캐인(John Vincent Cane)은 『빛이여 있으라』(*Fiat Lux*)라는 제목의 책을 출간했습니다. 이 책에서 그는 온건과 박애를 권고한다는 명목 아래, 교회의 모든 분열에 대한 유일한 해결책으로써 모든 사람들을 로마 가톨릭교회로 초청하고 있습니다. 특정 지방의 감정을 휘몰아치게 만든 이 작품은 오웬의 수중에 닿기 전에 이미 두 번의 인쇄를 거쳤는데 아마도 클라렌던이 오웬에게 보낸 것으로 보입니다.

이 작품의 미묘하고 파멸적인 성격에 충격을 받은 오웬은 그 저자에 대해 '아름다운 소리를 발하는 납달리 같으나[2] 그 목소리는 야곱의 목소리인 반면 그 손은 에서의 손과도 같다' 라고 묘사했는데, 그는 이 책에 대해 답변하는 일에 착수하여 곧 『'빛이여 있으라' 에 관한 힐난』(*Animadversions on Fiat Lux*)이라는 책을 출간했습니다. 이 책은 궤변과 숨겨진 목표를 완전히 들추어냄으로써 이 수사를 쩔쩔매고 당황하게 만들었습니다.

또한 이러한 오웬의 힐난에 대해 수사는 『'빛이여 있으라' 에 대한 해명』(*Vindication of Fiat Lux*)이라는 책으로 답변을 했습니다. 그는 이 책에서 그의 적수의 정체를 간파하려는 깊은 앙심을 드러냈고, 권력의 자리에 있는 이들이 오웬에 대해 분노하게 만들었습니다. 그는 오웬을 일컬어 '모든 것 앞에, 교회와 국가뿐만 아니라 이성, 정의, 정직과 모든 참된 종교 앞에 일어난 사나운 폭풍우와 같다' 고 묘사했습니다.

이에 오웬은 단호하게 그의 이름을 내걸며 이 공박에 다시 가담했습니다. 그는 자신의 적수에게 답하는 것으로 만족하지 못한 채, 모든 로마 가톨릭적인 논쟁에 광범위하게 참여했습니다. 오웬에게는 축적된 지식의 광대한 창고를 언제든 용이하게 사용할 수 있는 신속함이 있었습니다. 그에게 있어서 이러한 능력보다 더 눈에 띄는 것은 없을 것입니다.

그러나 오웬이 개신교 공동의 대의에 맞게 이와 같이 훌륭히 처신했음에도 권력자들은 이에 관한 두 번째 작품의 출판을 허용해 주지 않으려 했습니다. 그들이 반대하는 본질이 무엇이며 어디서 유래했는지를 살펴보면 매우 흥미롭습니다.

당시에 신학 서적의 출판을 허가해 주는 권한은 주교들이 가지고 있었는데, 그들은 오웬의 논문에 대해 출판을 반대할 만한 두 가지의 비중 있는 이유를 들었습니다. 첫 번째로 오웬이 복음을 전하는 자들과 사도들, 그리고

---

2. 역자주 - 창 49:21 참고.

심지어 베드로를 언급할 때, 그들에게 '성(聖 · saint)' 이라는 칭호를 붙이지 않았다는 것입니다. 두 번째로 베드로가 로마를 방문한 적이 있었는지를 증명할 수 있는가 하는 의문을 제시했다는 것입니다.

이러한 반대 의견들에 대해 오웬은 모든 면에서 과연 그다운 면모로 대처했습니다. 그는 첫 번째 이유에 관해서 검열관들에게, '성' 이라는 칭호는 모든 하나님의 사람들에게 해당되므로, 복음 전하는 자와 사도의 칭호는 '성' 이라는 칭호보다 우월하다는 것을 상기시켰습니다. 동시에 그는 기꺼이 이 견해는 양보할 수 있음을 밝혔습니다. 그러나 두 번째 반대 의견에 있어서는, 오직 이 조건만은 그들이 내가 실수했다는 것을 증명해야만 양보하겠다고 말했습니다.

결국 오웬의 책은 주교들의 승인을 통해서가 아니라, 그들의 거리낌을 뒤엎도록 중재해 준 주요 장관 중의 한 사람인 에드워드 니콜라스(Edward Nicolas) 경의 명령을 통해서 출판의 길을 찾았습니다. 이 책들로 인해 오웬의 명성은 크게 높아졌고, 이로 인해 클라렌던과의 새로운 접견이 시작되었습니다. 이 군주는 그가 개신교를 위해 영국의 다른 어떤 사람보다 더 많은 일을 했음을 인정했습니다. 그리고 이렇게 학식 있는 사람이 '독립 교회의 혁신' 에 열중했다는 사실에 놀라움을 금치 못하면서, 만약 그가 순응하기만 한다면 교회의 높은 자리로 승격시킬 생각이 있음을 내비쳤습니다.

오웬은 클라렌던이 지명하는 어떤 주교에게라도 답변하기 위해 독립 교회의 교회 예배 형식이 혁신이기는커녕, 첫 두 세기 동안 교회의 유일한 정치 형태였다는 것을 증명하는 일에 착수했습니다. 그리고 오웬에게 성직자의 영예를 수여하려는 클라렌던의 바람에 관해서 그가 그 자신과 형제들을 위해 요청했어야 했던 것은 교회 내에서의 승진이 아닌 (주교직의 화려한 미끼는 모든 지도적인 비국교도들 앞에 놓여져 있었습니다. 그러나 그들 중 아무도 그 유혹에 굴복하지 않았습니다) 신앙의 자유였어야 했다고 말했습니다.

이 말을 들은 대법관은 자신이 반드시 요청해야만 하는 신앙의 자유의 기준이 무엇인지를 오웬에게 질문하였습니다. 이에 대해 오웬은 '영국 국교회의 교리에 동의하는 모든 사람들을 위한 자유' 라고 답한 것으로 전해지고 있습니다. 이러한 대답은 그의 일관성과 용기를 훼손하려는 목적으로 언급되어 왔습니다. 또한 지금 오웬은 자신이 바라는 모든 것이라기보다 오히려 받아들여지기에 가장 거리가 먼 것을 요구한 것이라고 설명하기도 합니다.

그러나 이에 덧붙여 당시의 비국교도들 가운데 가장 자유분방하고 지식의 눈을 뜬 사람들은 로마 가톨릭교도들을 완전하게 받아들이는 것을 반대했다는 사실을 기억할 필요가 있습니다. 사실 이것은 종교적인 이유 때문이라기보다는 정치적인 이유 때문이었는데, 첫째로 그들은 외국 권력의 지배를 받고 있었기 때문이었고, 둘째로 요크 공작의 작위 계승에 관해 의문을 가지고 있었기 때문이었습니다. 그러므로 오웬의 계획은 실제 당대의 거의 모든 개신교의 비국교도들의 입장까지를 포함한 것이었습니다.

그러나 순응보다 더 영예롭게 그를 이러한 곤란으로부터 구출해 줄 방법이 제시되었습니다. 거의 같은 시기에 뉴잉글랜드에 있는 보스턴 최초의 회중 교회로부터 그들의 목사가 되어 달라는 극진한 요청이 들어왔던 것입니다. 그들은 오웬의 수고를 보았고, 빛의 아버지로부터 그에게 부여된 은혜와 지혜에 관해 들었습니다. 그리고 그토록 많은 등불이 영국을 비추도록 허용되지 않는 이때에, 그들은 이제 아기에 불과한 그들의 식민지를 위해 이같이 타오르는 불빛을 몹시 확보하고 싶어했습니다.

오웬이 어떤 종류의 답변을 보냈는지는 그다지 확실하지 않습니다. 한 전기 작가는 그가 기꺼이 가고 싶어했고, 법원의 명령으로 제지되었음에도 불구하고 그의 재산의 일부를 뉴잉글랜드행 배에 선적하기까지 했다고 설명하고 있습니다. 또 다른 전기 작가는 그가 분쟁의 원인을 뒤로 한 채 떠나기를 원하지 않았고, 더 행복한 날들을 위해 영국에서 기다리기로 결심했다고 설명하고 있습니다.

† 박해가 커져 가다

오웬의 주장뿐만 아니라 비국교도들에게 호의적인 다른 어떤 사람들의 주장도, 당시에 권좌에 있었던 사람들의 정책을 바꾸는 데는 아무런 영향을 주지 못했습니다. 클라렌던과 그의 동료들이 정부와 국가를 예전의 모습으로 돌려놓고자 했던 황금기는 성실청(星室廳 · Star Chamber : 불공평하기로 유명했던 형사법원)의 모든 괴롭힘과 부패한 고등 판무관 사무소의 횡포로 굴욕적인 순응 아니면 파문 내지 파산 중의 하나를 선택해야 하는 무서운 양자택일의 라우드 시대였습니다. 그리고 방탕한 찰스는 더 큰 관용을 침범하더니, 그의 각료들과 결탁하여 최악의 방책을 내놓았습니다.

이러한 정책은 각료들의 생각을 남몰래 동조했기 때문이거나, 좀 더 가능성 높게는, 비국교도들의 지위가 마침내 크게 높아져서 청교도와 함께 로마 가톨릭을 그 속에 포함시키는 것이 불가피하게 될 신앙의 자유 법안을 만들게 될 것이라는 생각에서 비롯된 것이었습니다. 그들은 혹독한 박해를 가중시키기 위해 열심히 여러 구실들을 찾아냈습니다. 이에 따라 헛간이나 큰 도로에서 예배를 위한 집회를 여는 사람을 처벌하고, 또 이를 신고하는 사람에게는 높은 포상금을 지급하는 등의 새로운 법령을 통과시켰는데, 그 의도는 박해받는 자들을 억지로 순응케 하거나 그들을 선동하여 법을 위반하고 죄를 짓게 하려는 것이었습니다.

가중되는 박해로 인해 감옥은 희생자들로 급속도로 채워졌고, 이민 가는 배는 추방자들로 붐비기 시작했습니다. 이러한 가운데 전염병까지 발생하여 죽음의 폭풍이 런던을 휩쓸었습니다. 그러자 누가 사람들의 진정한 영적 목자이고 누가 거짓 목자요, 삯꾼인지가 드러났습니다.

사역을 금지당한 설교자들은 그들의 은신처에서 뛰쳐나와 전염병이 진정될 때까지 죽어 가거나 가족을 잃은 사람들에게 권면과 위로의 말을 전했습니다. 그들은 생사의 기로에서 이 무시무시한 시간의 위험을 같이했던 반면, 청교도들을 박해했던 성직자들은 전염병의 면전에서 도망가 버렸습니다.

이러한 사건들로 인해 한 가지 사실이 드러나게 되었습니다. 그것은 교인들에 대한 비국교도 목사들의 줄어들지 않은 영향력과 그들을 향한 교인들의 커져 있는 사랑이었습니다. 그리고 이들 목사들과 성도들 간의 교제가 유지되는 동안 목회자들은 한 번도 생계 지원의 수단이 단절된 적이 없었습니다. 이것은 또 다른 법안의 통과를 가져왔는데, 그것의 교묘한 잔인함에 대해 역사학자들이 충분하게 기술하기 위해 서로 경합을 벌일 정도였습니다.

전염병의 피해로부터 피하기 위해 옥스퍼드에서 열린 의회에서 한 법령이 제정되었습니다. 비국교도들이라면 결단코 취할 맹세가 아니었던 그 법령의 내용은 심지어 사우스햄프턴(Southampton) 백작조차 정직한 사람이라면 의회의 자리에서 결단코 동의하지 않을 것이라고 단언할 정도였습니다.

이 법령의 내용은 모든 비국교도 목사들을 의회에 회원을 보낸 모든 시, 군, 읍으로부터 5마일 밖으로, 그리고 과거 몇 년 내에 언제든 설교한 적이 있는 곳은 어디든지 5마일 밖으로 추방한다는 것이었습니다. 곧 비국교도들을 몰아내어 그들의 소유지에서 추방시키는 법령이었습니다. 이는 곧 목회자를 성도들로부터 격리시키는 것도 모자라서 이들을 외딴 시골 지역으로 추방시킴으로써, 정부의 끄나풀인 사람들의 변덕스러움과 첩자 및 밀고자들의 모든 야비한 행동뿐 아니라 무식하고 부도덕한 폭도들의 모욕과 폭력에 이들을 노출시키려는 것이었습니다.

오웬은 이러한 모든 어려움으로 인해 고통받았습니다. 거의 비슷한 시기에 일어난 것으로 보이는 한 이야기는 이 시대에 관한 또 다른 그림을 우리에게 보여 줍니다. 오웬은 옥스퍼드 근방의 한 오랜 친구를 방문하려고 길을 나섰습니다. 그는 늘 조심해야 하는 당시의 분위기 때문에 해가 진 이후에야 숙소로 접근할 수 있었습니다. 그러나 그는 이처럼 은밀하게 움직였음에도 불구하고 발각되어 그가 어디에 묵었는지에 대한 정보가 보고되었습니다.

아침 일찍, 일단의 기병대가 찾아와서 숙소의 문을 두드렸습니다. 여주인이 내려가서 용기 있게 문을 열고는 무슨 일이냐고 물었습니다. 그들은, "이 집에 누가 투숙하고 있지 않소?"라고 물었습니다. 이들의 질문에 직접적으로 대답하는 대신, 여주인은 "오웬 박사를 찾고 있는 것입니까?"라고 되물었습니다. 그들은, "그렇소"라고 대답했고, 이에 여주인은 그가 그날 아침 더 이른 시간에 떠났다고 분명하게 말했습니다.

군인들은 확신에 찬 그녀의 말을 믿고는 즉시 말을 타고 가 버렸습니다. 그러는 동안 이 여인이 정말로 떠났다고 생각했던 오웬은 전날 밤에 마음먹었던 대로, 아침에 일어나 그의 말을 데려오도록 부탁해 놓은 인근 들판으로 가서, 인적이 드문 길을 택해 서둘러 런던으로 떠났습니다.

청교도들이 잠깐이라도 숨을 돌릴 수 있는 시간을 얻기 위해서는 다시 한 번 무시무시한 천국의 방문이 필요했습니다. 그리고 마침내 이 두 번째 방문이 찾아왔습니다. 화재가 재빠르게 전염병의 발걸음을 뒤쫓아 왔습니다. 그렇다고 해서 박해의 손이 누그러진 것은 아니었지만 이로 인해 일단은 마비되었습니다.

엄청나게 많은 교회들이 무시무시한 화재로 타 버렸습니다. 검게 그을리고 타 버린 잿더미 가운데 막사라고 불리는, 나무로 만든 커다란 집들이 재빠르게 세워졌습니다. 그리고 이러한 재난 중에도 비국교도 성직자들은 근심에 휩싸인 엄숙한 대중들에게 설교를 했습니다. 오웬, 맨튼, 카릴, 그리고 다른 이들의 오랜 침묵의 목소리가 다른 시대의 기억을 일깨웠습니다. 열정적인 백스터는 비록 다시 설교하지 못하게 될지라도 설교했고, 죽어 가고 있는 사람들에게는 마치 같이 죽어 가고 있는 사람처럼 느껴졌습니다.

이와 같은 순간에 이러한 설교자들을 잠잠케 하는 것은 불가능했습니다. 클라렌던의 몰락과 쉘돈(Sheldon)의 실추는 이후에 청교도들의 미덥지 않은 자유를 연장하고 넓히는 데 도움이 되었습니다.

† 이 시기에 나온 그의 저술들

많은 소논문들이 거의 대부분 작자 불명이거나 심지어는 출판자의 이름도 없이 출판되었습니다. 이 산만한 시기를 거치면서 박해가 양심에 비추어 볼 때 졸렬하고 불의한 정책이라는 것을 드러내는 글들이 오웬의 붓끝에서부터 쏟아져 나왔습니다.[3] 그는 또한 제목에서 충분히 그 책을 설명해 주는, 『하나

---

3. 이러한 책들에 관해 옴(Orme) 씨는 다음과 같이 열거하고 있습니다.

1) 『개신교 비국교도들이 자유를 갈망하는 근거와 이유에 관한 설명』(*An Account of the Grounds and Reasons on which the Protestant Dissenters Desire their Liberty*).

2) 『추방과 관련된 서신』(*A Letter concerning the Present Excommunications*).

3) 『비국교도들이 받고 있는 현재의 고난에 관한 조사』(*The Present Distresses on Nonconformists Examined*).

4) 『고위 관직자에게 보내는 편지에서 고찰한 관용과 종교적 자유』(*Indulgence and Toleration Considered, in a Letter to a Person of Honour*).

5) 『양심의 자유를 위한 변호와 겸손한 간구 안에서의 평화 제안』(*A Peace-offering, in an Apology and humble Plea for Liberty of Conscience*).

님을 예배함에 관한 간략한 지침: 교리문답』(*A Brief Instruction in the Worship of God: a Catechism*)을 출간했습니다.[4] 그리고 몇 년 전에 잘 요약되고 훌륭하게 논증된 『예배에 관한 논설』(*Discourse on Liturgies*)을 출간했는데, 이것은 그가 옥스퍼드의 학생이었을 때 라우드(Laud)의 부과물에 저항했던 원리 즉, 고교회파(High Church)와 청교도 간의 논쟁의 근간이 된 원리를 설명했던 것입니다.

이듬해에 그가 출간한 책들로서 그가 얼마나 지칠 줄 모르는 근면함으로 이 모든 폭풍 한가운데서도 부지런히 저술 활동을 했고, 후손들을 위해 귀중한 창고들을 채웠는지를 보여 줍니다. 앞으로 살펴볼 오웬의 명작 중 세 권은 모두 1668년에 출간되었습니다.

신자들에게 내재된 죄

첫째로 『내재된 죄에 관하여』(*On Indwelling Sin*)라는 책이 있습니다. 찰머스(Chalmers) 박사는 이 책을 다음과 같이 논평하고 있습니다.

"그리스도의 제자들에게 이보다 더 유용하고 꼭 맞는 학문적이고도 경건한 저자의 작품은 없을 것입니다. 그리고 이처럼 고귀한 거룩함을 이루었을 뿐 아니라, 영적인 삶에 있어서도 그토록 심오하고 실험적인 지식으로 영적인 삶의 본질과 작용을 상세히 설명하기에 너무나 적합한 사람이 이 주제를

---

4. 이 교리문답서의 출간은 자신감이 넘치는 백스터가 오웬에게 장로교도들과 독립 교회 사람들 간의 연합을 제의하기에 좋은 기회를 제공했고, 일치와 협상을 연장하도록 했습니다. 왜냐하면 앞서 언급했던 이유로 인해 그 계획은 실패한 것으로 판명이 났기 때문입니다. 이 주제에 관한 오웬의 편지들 중 하나가 보존되어 있고 부록에 실려 있습니다. 그러나 이 편지의 모든 부분이 박사의 일관성을 입증할 수 있을지는 확신할 수 없습니다.

가르치고 있다는 사실은 대단히 중요합니다."[5]

시편 130편 강해

다음으로 『시편 130편 강해』(*Exposition of the 130th Psalm*)가 있습니다. 우리가 이미 암시를 받았던 것처럼 이 작품은 오웬의 내적 삶의 이력과 긴밀한 관계를 맺고 있습니다. 또한 그 자신이 영적 고뇌의 계절에 방황했던 많은 반전과 굴곡으로 독자들을 안내하면서, 마침내 그가 평강을 찾을 수 있었던 방법을 보여 주고 있습니다.

오웬이 시편 강해를 저술하고자 했을 때, 그는 단지 자신의 주변에 흩어져 있던 연구에 문학적인 부분을 첨가하려 했거나, 그저 단순한 학자가 고전을 설명하려고 할 때 흔히 가지게 되는 정신으로 임한 것이 아니었습니다. 그가 하나님의 책을 폈을 때, 그는 동시에 자신의 마음의 책과 그 자신의 인생사를 함께 펼쳤습니다. 그리고 누구나 잘 알고 있는 그의 습관대로 귀중한 사상을 장황하고, 심지어 모호할 정도까지 펼쳐 보였습니다. 그렇게 하여 '그가 알고 있는 것을 말하고, 그가 본 것을 증언하는' 살아 있는 경험의 직관으로 가득 찬 책을 만들어 냈습니다.

히브리서 강해

다음으로는 그의 가장 위대한 작품의 1호로, 『히브리서 강해』(*Exposition of the Epistle to the Hebrews*)가 세상에 나왔습니다. 이 작품은 따로 기술하거나 칭송하는 것이 필요 없을 정도로 훌륭합니다.[6] 그의 사고는 20년이

---

5. 『오웬의 '내재된 죄에 관하여' 에 대한 서론적인 에세이』(*Introductory Essay to Owen on Ind-welling Sin*), p. 18, 19.

넘는 기간 동안 모든 바울 서신 중 가장 어려운 이 서신서의 이처럼 어마어마한 주석을 준비하는 것에 집중되었습니다.

마침내 그는 거의 포괄적인 독서로 모아들인 지식과 그리스도인으로서의 깊은 경험으로 한층 더 풍성해진 보물과 무르익은 힘을 가지고 이 일에 몰입했습니다. 그보다 앞서 갔던 이들의 노고를 경시하지 않은 채, 그는 그 광산이 다 고갈되기는커녕 활짝 열려 있다는 사실과, 그 자신이 강하게 표현하고 있듯이 '지금 세대뿐 아니라 오는 세대의 모든 이들을 위해서 모든 것의 종말이 오기까지' 새롭게 연구할 만큼 충분한 토대가 남아 있다는 사실을 발견했습니다. 그는 이 작품을 집필해 나간 정신과 방식을 직접 기술하고 있습니다. 우리는 이를 통해 오웬의 모든 저술 중에서 가장 귀한 자서전적인 부분을 엿볼 수 있습니다.

"전에도 말했지만 서신서 강해를 위해서 저는 수년간 이것을 생각해 왔고 저의 연구의 전체 과정이 이와 관련되어 있다고 고백할 수 있습니다. 그 가운데서도 이처럼 온통 연구하고 독서한 이후에 드렸던 기도와 꾸준한 묵상이 유일하게 제가 의지할 것이었고 지금까지 빛과 도움을 주는 가장 유용한 수단이었다고 말할 수 있습니다.

다른 많은 책들은 저를 혼란 속으로 몰아넣거나, 혹은 그로부터 빠져 나올 수 없도록 수없이 얽매곤 했습니다. 그러나 이러한 것으로부터 기도와 묵상이 저의 생각들을 자유롭게 해 주었습니다. 글에 어떠한 선입견도 가미하지 않고 제 자신의 생각이나 생각에 영향을 주는 다른 사람들의 생각을 첨가하

---

6. 2집이 1674년에 출판되었고, 3집이 1680년에 출판되었으며, 4집은 책으로 나오기 전에 저자가 죽었으나 출판하기에 적합하여 1684년에 세상에 나왔습니다.

지 않으려고 노력했습니다. 그리고 어떤 종류이든 추론이나 거짓, 호기심이 틈타지 않고, 다만 항상 벌거벗은 채 말씀 그 자체로 나아가고 그 안에 있는 하나님의 마음을 겸손하게 배우며 그분께서 제게 능력 주시는 대로 그것을 표현하기 위해 제 삶과 영혼에 주의를 기울였습니다.

맨 먼저 저는 이 목적을 위해서 항상 본문의 단어가 주는 느낌과 의미와 취지에 대해 고민했습니다. 즉 그것들의 본래의 어원과 특히 구약 성경의 칠십인역과 신약 성경에서 다른 저자들에 의해 어떻게 사용되었으며 특히 같은 저자의 작품들 속에서는 어떻게 사용되었는지를 살피기 위해 고민했습니다.

저는 히브리서 외의 성경 말씀에서 표현된 단어들이나 다른 사람들이 언급한 단어들이 사도가 사용한 단어에 많은 빛을 던져 준다는 사실을 발견했습니다. 장소의 의도와 범위, 다루어지는 주제, 논쟁을 위해 쓰인 매체, 논증의 수단에 주의를 기울이는 일반적인 원칙에 맞게, 저는 이 서신서를 저술한 시대와 시기, 이 서신서의 설득, 선입견, 관습, 관점, 그리고 전통에서 눈을 떼지 않았습니다.

저는 또 구약 시대 교회의 언약과 예배, 새 언약의 특권과 예배가 이방인들에게 전이되었다는 것, 유대인의 그 아래 있던 하나님의 섭리의 과정, 유대인의 교회와 국가에 임박한 멸망, 이 모든 다양한 원인으로 인해 유대인에게 닥친 유혹과 함께 그들의 완전한 폐지와 파멸에 관한 신속한 접근에 저의 관점을 고정시켰습니다. 이러한 것들이 없이는 그 누구도 정확하게 사도를 따라가면서 그의 의도에 가까이 접근하거나 그 의미를 온전히 파악할 수 없을 것입니다."[7]

---

7. 『히브리서 강해』 서문.

이 작품은 이사야서에 대한 비트링가(Vitringa)의 위대한 주석을 제외하고는 필적할 만한 것이 없을 정도로 탁월합니다. 미래 성경학자들은 축자적 비평의 부분에서나 혹은 몇몇 본문 강해에서 오웬이 범한 오류를 발견할지도 모릅니다. 심지어 이 작품에서 과도한 랍비식의 연구가 본문을 명확히 예증하기보다 훨씬 더 방해한다는 사실도 맞습니다. 그러나 이 모든 것을 인정한다 하더라도, 오웬이 이 웅장한 서신서의 부분부분을 펼쳐 그 의미와 정신을 이끌어 내고 있는 힘은 얼마나 놀라운지요!

이는 마치 장엄한 빛으로 가득 차 있는 대성당과도 같습니다. 이 성당의 보다 세부적인 부분에 대해서는 개선하라고 제안할 수 있을지는 모르지만, 이 성당을 오래 보면 볼수록 그 견고한 벽과 웅장한 기둥을 지은 건축자의 기술과 힘에 우리는 놀라지 않을 수 없는 것처럼 말입니다. 오웬이 이 작품을 끝내고 펜을 내려놓으면서 '이제 나의 작품이 완성되었으니 나는 죽어도 좋다'라고 한 외침 속에는 진정한 숭고함까지 느껴집니다.

아마 지난 150년 동안 영국이나 미국에서 오웬의 주석을 참고하지 않은 채, 이 영감된 진리를 강해하려는 사역자는 아무도 없을 것입니다. 그러나 작품의 질리게 할 정도의 방대한 분량은 그것을 이용하는 것에 가장 큰 걸림돌입니다. 저자인 오웬도 자신의 작품이 크고 무거우며 두꺼운 책이 될 것을 예상했던 것 같습니다. 이는 그가 이 책을 마치 세 부분으로 분리된 작품처럼 다루어야 할 것과 철학적이거나 해석학적이거나 실용적인 부분으로 각각 읽어야 함을 겸손히 제안하는 것으로 짐작할 수 있습니다.

우리는 매우 저명한 사람이, 위대한 작품으로 손꼽히는 『예비 훈련』(*The Preliminary Exercitations*)의 한 부분에 대해서 거의 경멸에 가까운 비난을 했다는 것을 잘 알고 있습니다. 그러나 우리는 홀이 모방했던 그 위대한 사전 편집자와 마찬가지로 홀의 문학적 역설에 대한 애정을 기억해야만 합니다. 그리고 오웬의 작품을 잘 알고 있는 사람들은 - 홀은 자신이 그렇지 않다고 인정한 바 있는데 -웅변에 있어 그의 위대한 적수가 오웬의 강해에 관해 이야기하면서 사용했던 그 격찬하는 말에 더욱 동의하고 싶어질 것입니다. 찰머스 박사는 그의 학생들에게 다음과 같이 말하고 있습니다.

"저는 여러분의 열심으로 히브리서에 부단한 주의를 기울이기를 다시 한 번 권고합니다. 그리고 저의 권고를 듣고 여러분 중 누구라도 이 서신서를 다룬 오웬의 주해와 같은 방대한 작품을 움켜쥘 용기를 얻는다면 저는 기쁠 것입니다.

이 책은 오웬이 오랫동안 공을 들인 작품입니다. 이제는 여러분이 넘쳐나게 수고해야 할 때입니다. 여기서 여러분이 주의를 기울여야 할 한 가지 사실은 저자에게 잘 지도 받은 덕에, 앞으로는 유용한 학식이라고는 전혀 없는 덩치만 큰 작품에 시간을 낭비하지 않게 될 것이라는 사실입니다. 이교의 '제사' 라는 주제를 다루는 모든 책을 정독하는 것보다 죤 오웬의 이 가장 위대한 작품을 정독하는 것이 백 배 더 유익할 것입니다.

이 책은 분량도 엄청나지만 그것에 못지않는 대단한 힘도 가진 작품입니다. 이 책을 정통한 사람이라면 기독교의 교리적인 면과 실용적인 면 모두에서 학식이 깊고 완숙한 신학자라 해도 전혀 손색이 없을 것입니다."[8]

† 뉴잉글랜드의 비관용에 대한 항쟁

참된 종교적 관용의 교훈보다 더 배우기 어려운 것은 없다고 합니다. 왜냐

---

8. 『찰머스의 유작 전집』(*Chalmers's Posthumous Works*), p. 282.

하면 거의 모든 분파들이 권력의 유혹을 받았을 때 돌아가면서 박해의 관행을 휘둘러 왔기 때문입니다. 당시 세계의 다른 지역에서 일어나고 있는 박해가 이러한 논평을 명확하게 증거하고 있습니다.

영국에서 독립 교회 사람들과 비국교도들이, 지위가 회복된 고위 성직자들의 손에 의해 이 박해의 용광로에서 다른 박해의 용광로를 지나고 있는 동안, 뉴잉글랜드의 독립 교회 사람들은 유아기의 식민지에서 침례교도들과 퀘이커교도들을 훨씬 더 극심하게 박해하고 있었습니다. 그들은 채찍질과 벌금, 투옥, 노예로 팔아넘기기 등을 통해 결국 신앙의 근본적인 점에서 그들의 박해자와 다를 것 하나 없이 수천 명의 사람들에게 모진 형벌을 가하고 있었습니다.

오웬의 전기 작가들 중의 한 사람은 이러한 교회들의 행동이 독립 교회의 원리와는 아무런 관련이 없다는 것을 보여 주려는 매우 불필요한 노력을 기울여 왔습니다. 그러나 이는 단지 그들의 행동을 더 변명할 수 없도록 만들고 인간의 본성에 얼마나 뿌리 깊은 비관용의 정신이 있는지를 증명해 줄 뿐이었습니다. 오웬과 그의 친구들은 뉴잉글랜드의 소식을 듣고 크게 분개하고 부끄러워했습니다. 또한 이러한 소식이 영국에서 그들에게 불리하게 작용하게 될까 두려워했습니다. 이에 대해 런던에 있는 그의 모든 형제들이 그를 따라 서명한 편지를 통해 뉴잉글랜드의 박해자들에게 다음과 같이 신실하게 항의했습니다.

"우리는 여러분과 종교적 견해를 같이하지 않습니다. 다만 하나님의 진리와 방식에 대하여 여러분이 그분을 전적으로 신뢰하기만을 진심으로 요청할 뿐입니다. 그렇게 될 때 그 지역의 사회적 평화를 위협하거나 뒤흔드는 일 없이 여러분과 다른 종교적 원리들을 실천하는 사람들에게 혹독하게 가해지고 있는 모든 신체적 속박과 형벌이 중단될 것이라고 믿습니다."

비록 완곡하게 충고하고 있지만, 우리는 여기에 있는 준엄한 꾸짖음의 혹독함을 짐작할 수 있습니다.

† 영국의 비국교도들을 옹호하기 위해 저술하다

앞서 우리는 박해자들이 런던의 큰 화재로 인해 비국교도 성직자들이 대중적으로 설교하는 것을 잠시 묵인했다는 사실을 보았습니다. 백스터가 평했듯이, 몰락한 사람들에게 모든 대중 예배를 가혹하게 금한 것은 말도 되지 않는 일이었습니다. 얼마 후에 이러한 자유에 법적으로 허용을 주자는 한 가지 시책이 고안되었습니다. 이를 통해 이 제안을 열렬하게 받아들인 체스터의 주교인 윌킨스(Wilkins), 틸로슨(Tillotson), 스틸링플릿(Stillingfleet)와 같은 많은 비국교도들을 영국 국교회에 편입시키려 했습니다.

그러나 이 시책을 허가한 영향력 있는 사람들의 이름과 더불어 이 시책이 전반적으로 알려지자마자 비국교도들의 적수들이 다시 한 번 봉기했고, 결국 이 시책의 일반적인 규정들을 말살하는 데 성공했습니다. 그러나 이 나라의 특성상, 이러한 가혹함을 해명하기 위해서는 다른 무엇인가를 해야 할 필요가 있었습니다. 그들에게는 관용이 사회 질서에 우호적이지 않다고 깎아내리는 것보다 더 그럴싸한 방법은 없었고, 고통 받는 비국교도들의 인격을 더럽히는 것은 훨씬 더 좋은 방법이었습니다.

한동안 청교도들과 연계되어 있다가 그들이 박해의 대상이 되자, 곧 저버린 사무엘 파커(Samuel Parker)는 이 일을 위한 적합한 도구로서 자신을 직접 내세웠고 감독 교회에서 승진하기를 갈망하고 있었습니다. 버넷은 그를

'풍자하고 비꼬는 데 원기 왕성하며 상당한 학식은 있으나 판단력은 전혀 없는 사람으로 신앙에 있어서는 오히려 불경한 사람' 으로 기술하고 있습니다.

파커는 자신의 책 『교회 조직에 관한 논설』(*Discourse of Ecclesiastical Polity*)에서 외적인 종교적 사항에서 국민들의 양심보다 위에 있는 민정 행정관의 권위를 주장하고 있고, 신앙의 자유가 지니는 위해(危害)와 불편을 제시하고 있으며, 양심의 자유를 위해 청구된 모든 요청들에 대해 완전한 답변을 하고 있습니다.

그의 극악무도한 책표지는 이러한 내용을 담고 있었습니다. 분명 이 책에서 약속한 기도들이 현대 독자들에게는 오히려 대담하게까지 보일 것입니다. 이처럼 확신에 찬 작가는 자신의 성공을 확고하게 믿었던 것으로 전해지고 있습니다. 그의 책을 앵글시(Anglesea)의 백작에게 내밀며, "각하, 교구의 어느 목사가 이에 답변할 수 있는지를 봅시다"라고 말했고, 그 정신에 동감한 고집불통의 쉘돈은 자연스럽게 그 대단한 논증의 힘을 믿었습니다.

오웬이 파커에게 답변하도록 선택되었습니다. 그는 자신이 지금까지 집필했던 가장 고귀한 논쟁적 논문들 중의 하나인, 『교회 조직에 관한 논설의 개론』(*A Survey of a Discourse on Ecclesiastical Polity*)에서 이 문제에 대해 기술했습니다. 오웬의 마음은 오류를 깊이 느낌으로 인해 격앙된 듯 보였고, 그는 분명하고 강력한 논증으로 저술을 했습니다.

한편 그는 파커의 신조가 가지는 비열함과 악함보다 그 어리석음으로 더 많이 정당화되는 아이러니한 문체에 이따금 도취되기도 했습니다. 오웬의 답변의 몇몇 부분에서 민정 행정관의 직분을 명확하게 정의 내린 글은 심지어 로크의 작품에서조차 찾아볼 수 없습니다. 또한 그가 무역에 관해 언급하고 있는 부분에서 어떻게 우리의 잘 확립된 현대 정치 경제 원리를 앞질러 생각했는지를 주목해 보면 놀랍기만 합니다.

오웬의 작품은 그의 형제들 사이에서 그를 더 유명하게 했습니다. 심지어는 파커의 몇몇 친구들조차 지적으로 왕성한 불굴의 의지를 지닌 청교도 중에서 파커보다 한 수 위의 적수를 만났다는 인상을 감추기 힘들 정도였습니다. 논쟁에서 간단하게 패배한 파커는 그 후에 노골적인 복수심을 뿜어내며 꼬치꼬치 따지면서 그의 적수를 당황시키려고 했습니다.

그는 '격렬하게 방해하고 선동하는 교미기의 거대한 숫양' 이었고, '뻔뻔함과 사기성 모두에서 마호메트와 겨룰 만한 사람' 이었습니다. 또한 그는 '그 독액이 부풀어 올라 터뜨리거나 내뿜지 않으면 안 되는 독사' 였습니다. 그러하기에 나라에 좋은 일을 하기를 바라는 사람은 누구든지 '이 같은 벨리알(Belial) 아들의 세력과 명성을 억누르는 것' 보다 더 나은 공로는 결코 세울 수 없다고 생각했을 것입니다.

논쟁은 이것으로 끝나지 않았습니다. 앤드류 마벨(Andrew Marvell)이 예리한 재치로 그를 집요하게 공격했을 때, 파커는 오웬의 육중한 타격으로부터 회복할 시간을 가지지 못했습니다. 차관이자 밀톤(Milton)의 절친한 친구였던 이 노련한 사람은, 어떤 점에서는 스위프트(Swift)의 신랄함과 세련됨에 견줄 만했습니다. 또 주니어스(Junius)의 웅변적인 독설과 버크(Burke)의 쾌활한 충만함에 필적할 만한 비평 작품인 『번역된 이야기』(*Rehearsal Transposed*)에서 신랄하게 파커의 작품을 비평했습니다.

자만했던 파커는 당황했고, 그의 곤경을 알게 된 많은 복면 투사들은 당시에 그를 변호하기 위해 막무가내로 돌진했습니다. 그러나 마벨은 파커를 제외하고는 그들 중 어떤 사람과도 논쟁하려 하지 않았습니다. 그의 책 『이야기』(*Rehearsal*) 2부에서 우드(Wood)가 말한 대로 그는 문필 논쟁으로 돌아왔습니다. 그리고는 전혀 고갈되지 않는 화살 통에서 빼낸 새 화살로 그의 표적을 꼼짝 못하게 했습니다.

그 작품의 많은 부분은 마벨의 비범한 재능의 영향력 아래에 있던 그 당시의 조소자들과 견해를 공유하지 않고서 이를 제대로 이해하는 것은 불가능합니다. 마벨은 파커의 자기 존중을 비웃으면서, "파커는 우연히 재채기를 할 때도 '지구의 기초가 흔들리지 않기를' 기도합니다. 그는 슬그머니 첨탑 위에 있는 '닭 모양의 풍향계'가 되기 위해 기어 올라가서 '마치 영국의 교회가 쓰러지기나 하는 것' 처럼, 그를 향해 부는 모든 바람에 따라 흔들리면서 앙칼진 소리를 냅니다"라고 말했습니다.

마벨의 재치는 승리를 거두었고, 찰스와 그의 왕실조차 합류하여 파커를 비웃었습니다. 마벨이 무덤에 가기까지 파커는 도저히 주체할 수 없을 정도로 불타는 복수심을 남몰래 키워 갔습니다. 이에 대해 디즈라엘리(D' Israeli)는 "난폭한 범법자가 그에게 해를 입히지 않았음에도 불구하고, 도시로부터 도망쳐서 오랫동안 저술을 중단하는 등, 작가로서는 절망적인 행보라고 간주될 만한 행동을 했습니다"라고 말하고 있습니다.

이처럼 논쟁에서 이긴 것은 일부 영역이었지만, 권력자들의 비관용적인 태도를 누그러뜨린 중요한 의의를 가졌습니다. 1671년에 열린 의회는 파커의 악의에 동의하는 목사들에 의해 선동되어, 비국교도들을 박해하는 이전의 모든 법령들을 승인하는 것도 모자라서 참기 힘들 정도로 훨씬 더 혹독한 다른 법령들을 통과시켰습니다. 찰스가 관용을 베풂으로써 자신의 권위로 비국교도들과 가톨릭 기피자들[9]을 반대하는 형사상의 법규를 중단시키지 않았거나, 예배의 재개를 위해 수여되는 인가서를 획득하기만 하면 예배를 위한 모임을 회복할 수 있다는 허가를 이들에게 주지 않았다면, 이러한 법령의 강화가 곧 어떤 결과를 초래했을지는 전혀 예측할 수조차 없었을 것입니다.

9. 국교회의 예배에 참석하기를 거절한 사람들.

이 법령의 형태는 헌법에 위배되는 것이었고, 제정 동기는 의혹으로 가득했습니다. 그러나 많은 비국교도들은 이 법령 안에서 단지 그들이 결단코 빼앗겨서는 안 되었던 권리가 회복된 것만으로 즐거워하면서 이 규정을 피난처로 삼았습니다. 그러나 이들 중 몇몇은 오웬처럼 이것을 '모든 문제들이 의회에서 확정될 때까지 국가의 평화와 안전을 위해 이전 시대의 관습을 따른 조처' 로 여겼습니다.

† 런던에서의 목회

비국교도들은 그들이 한숨 돌릴 수 있는 위태로운 시간을 활용하는 데 기민했습니다. 근본적인 진리에 있어서 연합하고 있다는 사실을 증언하고, 로마 가톨릭과 소시니안, 비기독교적인 견해를 고치는 수단으로서의 주간 강좌가 장로교도들과 독립 교회 사람들에 의해 피너홀(Pinner' s Hall)에 마련되었습니다.[10] 그리고 오웬은 런던에서 정기적으로 회중에게 보다 대중적으로 설교하기 시작했습니다. 그의 존경할 만한 친구 조셉 카릴이 신앙 자유령 직후 사망하자, 두 성직자의 회중은 레든홀가에 있는 예배 장소에서 오웬의 사역 아래 연합하기로 마음을 모았습니다.

오웬의 교인 명부는 몇몇 비국교도 지도자들과 적지 않은 귀부인들의 이름을 포함하고 있습니다. 명부에 포함된 이름 가운데서 찰스 플릿우드(Charles Fleetwood) 경이나 데스보로우(Desborough) 장군과 같은 영연방

10. 이러한 일련의 모임에서 오웬이 설교한 세 편의 설교문이 굴드(Goold)가 편집한 그의 전집에 기록되어 있습니다. '어떻게 우리는 책망 받는 법을 배울 수 있는가' (How We May Learn to Bear Reproofs, 시 111:5), '성경의 권위에 관하여' (On the Authority of Scripture, 눅 16:31), '형상의 방' (The Chamber of Imagery, 벤전 2:3).

군의 영웅들의 이름이 하나만이 아니었고, 이후에 성자와 같은 아이작 와츠가 30년 이상 동안 그 저택에 은신처를 삼았던 애브니(Abney) 가문의 사람들도 있었으며, 앵글시의 백작 부인이 있었고, 호민관의 신체적이고 정신적인 많은 요소들이 두드러지게 그 모습에 재현되었다고 일컬어지는 크롬웰의 손녀, 벤디쉬(Bendish) 여사도 있었습니다. 이들 중 몇몇은 당시의 변화무쌍하고 질풍과도 같은 시기에 오웬의 머리를 보호하기 위해 자신들의 방패까지도 내던질 수 있는 사람들이었습니다.

뿐만 아니라 오레리의 백작, 앵글시의 백작, 버클리(Berkeley) 경, 윌로우비(Willoughby) 경, 와튼(Wharton) 경, 그리고 오웬의 교회의 교인은 아니었지만 신앙적으로 같은 성향을 가졌고, 오웬의 친구였으며, 그들의 영향력이 미치는 한 대체로 비국교도들에 대한 심한 처사를 누그러뜨리려고 했던 주요 국무대신 중의 한 사람인 존 트레버(John Trevor) 경과 같은 유력한 사람들도 있었습니다.

이러한 귀족들과의 친분 덕분으로 오웬이 국왕과 공작들의 초대를 받아 그의 모든 전기 작가들이 충실하게 기록해 둔 그 회담을 가질 수 있었던 것으로 보입니다. 한번은 우연히 그는 국왕과 공작이 함께 있었던 턴브리지 웰즈에 있다가 왕이 거하는 천막으로 안내를 받았습니다. 국왕은 신앙의 자유라는 주제를 놓고 그와 자유롭게 대화를 나누었고, 비국교도들을 그들의 법적인 제약으로부터 구제해 주었으면 하는 바람을 표명했습니다.

국왕은 런던으로 돌아오는 길에 처음 대화할 때 가졌던 심정을 말하면서 오웬을 또다시 열릴 회담에 초대했고, 마침내 더 가난한 형제들의 고통을 완화시키는 일을 그에게 맡기기 위해 일천 기니(guineas)를 하사했습니다. 이러한 찰스의 일반적인 정책은 왕실의 햇볕 정책을 충분히 설명해 주고 있는 것입니다.

† 재개된 박해

이러한 우정의 중요성은 오웬이 그의 고통 받는 형제들에게 이 우정을 어떻게 사용했는지를 주지하기까지 우리의 눈에는 보이지 않습니다. 의회가 다시 소집되었을 때, 의회는 왕의 관대함에 대해 강하게 불쾌해하면서 예배 장소에 대한 허가가 철회될 때까지 진언하는 것을 결코 그치지 않았다는 사실은 잘 알려져 있습니다.

상황은 개신교 비국교도들과 로마 가톨릭교도들을 구분하고, 특히 후자를 반대하는 제재들을 지적하는 조짐을 보이기 시작하는 것으로 흘러갔습니다. 그러나 표면상 그들에게 악의를 품기 위해 의도된 이 법령은 순응하지 않는 모든 사람들에게 다 미치기에는 너무 서투르게 제정되었습니다. 또한 국교회 성직자들은 이 지침을 재빠르게 배포하였습니다.

이렇게 해서 비국교도들은 다시 한 번 박해의 폭풍에 노출되었습니다. 더 증가된 보상으로 밀고자들을 부추겼습니다. 백스터는 이렇게 박해받는 수천 명의 사람들보다 훨씬 걸출한 성직자였음에도 불구하고 기쁘게 그의 친절을 탕진하는 수고를 감수했습니다. 그러했기에 그 역시 깨지지 않는 침묵의 일 년을 보내도록 강요받았습니다. 헌신적인 그의 영혼에게는 정말이지 비통한 일이 아닐 수 없었습니다.

그러나 오웬은 아마도 우리가 앞서 살펴봤던 영향력 때문에 이러한 박해의 와중에서도 비교적 그 방해가 적었던 것으로 보입니다. 그가 박해받는 사람들에게 주의를 주고 구조하기 위해 어떠한 열정과 충실함으로 사력을 다했는지를 그의 대적자로부터 알아보는 것은 흥미롭습니다.

“그가 왕의 의도를 낚아채고, 상황이 그의 위대한 다이애나(Diana), 양심의 자유에 유리하게 돌아갈지, 왕이 이 일에 어떤 영향을 줄지, 왕이 이 일을 너그러이 봐 주고 이것을 반대하는 법을 실행할지, 누가 궁정에서 그의 편이 될 수 있을지, 어떤 법안이 의회에 올라올 것 같은지, 그리고 어떻게 회합이 연합하거나 나뉘어 있는지를 살피는 모습을 직접 눈으로 보라.

그는 일의 처결에 따라 '자기 수하의 사람들'에게 숙지시킨다. 그러면 이들은 각 부서에 편지로 일이 그들에게 어떻게 돌아갈 것 같은지, 그들의 하는 일에 어떤 명령을 내려야 하는지, 그들의 비밀 예배를 당분간 중지해야 하는지, 아니면 계속해야 하는지를 전국 구석구석에 있는 동료들에게 신속하게 알려 준다."

† 존 번연(John Bunyan)을 도와주다

오웬은 많은 핍박받는 자들을 도와주었습니다. 오웬은 누구보다 존 번연을 돕기 위해 열심을 다해 영향력을 행사했습니다. 번연만큼 오웬의 도움을 많이 받은 사람은 아마도 없을 것입니다. 설교가로서의 번연은 어디를 가든 백스터의 사역보다 능가하는 감흥을 불러일으켰다는 것은 잘 알려진 사실입니다. 그가 헛간이나 광장에서 설교했을 때, 열광하는 수천 명의 사람들이 그의 주변으로 모여들었습니다. 뿐만 아니라 번연이 런던에 갔을 때, 천 이백여 명의 사람들이 일터에 가야 하는 주중임에도 불구하고 추운 겨울 아침 7시에 그가 전하는 하나님의 말씀을 들으려고 모일 정도였습니다.

번연의 설교를 들으며 감탄하는 무리들 가운데서 종종 오웬을 발견할 수 있었습니다. 가장 학식 높은 이 청교도는 순간처럼 느껴지는 몇 시간 동안을 이 배우지 못한 천재의 입술에 매달려 있었습니다. 한번은 왕도 오웬처럼 학식 있는 사람이 어째서 번연과 같은 '땜장이의 잡담'을 들으러 가는지를 물었다고 합니다. 이에 이 위대한 신학자는 이렇게 대답했습니다. "각하, 만약 제가 그 땜장이의 설교하는 능력을 가질 수만 있다면 저는 기꺼이 제 모든 학식을 포기할 것입니다."

번연은 여러 해 동안 베드포드 감옥에 수감되었고, 선한 간수의 친절 덕택으로 많은 제재들이 완화되었습니다. 그러나 수감 생활이 끝나 갈 무렵에 가혹함이 더해지자, 오웬은 그를 석방시키기 위해 그의 오랜 친구이자 스승인 발로우(Barlow) 박사의 힘을 끌어들이려고 갖은 애를 썼습니다.

이 일의 세부적인 내용에 대해서는 사우디(Southey)가 연구한 바 있으나 그 날짜는 명확하지 않습니다. 그러나 주요한 사실들이 그럴듯한 어떤 의구심보다 우위에 있고, 얼마간 곤혹스럽게 지연되기는 했으나 오웬의 중재로 번연의 석방을 얻어내는 데 성공했다는 것을 아는 것만으로도 마음이 즐거울 것입니다.

† 더 많은 저술들

이 산만하고 근심 어린 시간들 동안 오웬의 지치지 않는 펜은 그 어느 때보다 활동적으로 움직였습니다. 1669년에 오웬은 비들(Biddle)과 대륙의 소시니안들의 작품인 『복음주의의 변론』(*The Vindiciae Evangelicae*)에 맞서 싸우기 위해 그의 위대한 논쟁적 작품의 압축된 내용을 담고 있는 소논문, 『삼위일체 교리의 옹호』(*Vindication of the Doctrine of the Trinity*)라는 책을 출간했습니다. 이처럼 중차대한 문제에 관해 비교적 논쟁적이지 않은 지침서를 교회에 공급해 준 것은 지혜로운 일이었습니다.

보다 광범위한 오웬의 많은 작품들은 마치 입구가 나팔꽃 모양의 항구로 되어 있어 적을 막는 목적에 기가 막힐 정도로 안성맞춤인 오래된 성을 연상하게 합니다. 그러나 평화로운 집은 아니었습니다. 오웬이 죽은 지 40년도 채 되지 않아, 이 작은 책은 일곱 번의 인쇄를 거쳐야 했습니다.

1672년에 그는 『복음주의적 사랑에 관하여』(*On Evangelical Love*)라는 책을 출간했습니다. 이 책은 넓고 관대한 정서와 지혜로운 분별력이 결합된 작품으로서, 여기서 오웬은 비국교도들이 교구 교회에 출석하는 것과 관련된 문제에 대해 아주 장황하게 접근하고 있습니다. 이 문제는 그와 백스터를 한 번 더 서로 상반되는 편에 서게 했습니다.

그리고 비슷한 기간에 쓰인 것으로 추정되는 다른 작품들이 있습니다. 우리는 이 책들을 통해 근심 어리게 다가오는 위험을 기술하거나 이미 부풀어 오른 파도에 맞설 방파제를 세우려고 애쓰고 있는 신실한 파수꾼의 행적을 더듬어 볼 수 있습니다. 이중 두 권의 책은 히브리서 강해에 쏟은 그 위대한 작업에서 떨어져 나온 귀한 파편들로 당시의 긴급한 사태를 충족시키기 위해 증보된 것이었습니다.

그중 첫 번째 책이 『안식일에 관한 논문』(*Treatise on the Sabbath*)입니다. 그는 이 논문에서 하나님의 선하심이 그분의 교회 포도밭 주위를 둘러치고 있음을 보여 주고, 이 귀한 울타리를 보존하려고 애썼다는 면에서 백스터 및 다른 모든 위대한 청교도 작가들과 일치하고 있습니다. 한편 광신자들은 안식일에 대해 공격했습니다. 이들은 안식일을 단순히 의식적이고 세속적인 규범이라고 비난했습니다. 그들뿐만 아니라 시끄러운 수많은 '유희의 경전'의 제자들은 그의 영성 때문에 안식일을 미워하며 공격했습니다.

독자들은 청교도의 안식일에 대해 청교도 신학자가 침착하고 엄숙하면서도 쾌활하게 묘사해 놓은 것과 현대의 유명한 작가가 풍자적으로 묘사해 놓은 것의 차이점에 충격을 받게 될 것입니다. 그리고 독자들은 오웬이 동일한 부류의 적수들과 논쟁을 하고 있고, 오늘날까지 만연해 있는 그 동일한 논쟁과 반대에 답변하고 있다는 것을 발견하게 될 것입니다. 뿐만 아니라 오류들이 그 안에서 궤도를 그리며 움직이다가 주어진 접점으로 회귀하여 돌아오도록 산정되어 있는 그 논리에 동의하고 싶어질 것입니다.

이와 같은 부류의 다른 작품들 중에서 우리가 살펴볼 것은 『배교의 본질에 관하여』(*On The Nature of Apostasy*)라는 책입니다. 당시는 크롬웰 시대 때 단지 신앙이 있는 척했던 군중들이 가면을 벗어 던지고 뻔뻔스러운 과도함으로 그들에게 가해진 제재들을 개선한 지 이미 오래된 때요, 엄격하게 도덕적인 것이 불충의 의혹을 불러일으켰던 때이며, 청교도라 불리는 것이 난봉꾼이라 불리는 것보다 더 수치스러웠던 때였습니다. 또한 당시는 찰스 왕실의 최절정의 부도덕함으로 인해 그 삶이 열등한 수준으로 전락하는 등 경건함에 토대를 두지 않는 모든 것이 자행되었습니다. 『배교의 본질에 관하여』는 이러한 당대를 향해 단호하게 쓰인 책이었습니다.

성령

우리는 앞으로 더욱 자세히 살펴보려고 남겨둔, 이 시기에 오웬이 공들여 이름 붙인 가장 위대한 작품으로 다음의 책을 꼽을 수 있습니다.

"『성령에 관한 강론』(*A Discourse concerning the Holy Spirit*)은 성령의 이름과 본질, 인격, 나누어 주심과 역사, 효과에 관한 설명을 담고 있습니다. 이전의 창조와 새 창조에서 성령이 하신 역사, 그리고 반대와 비난을 해명하는 성령과 관련된 교리가 설명되어 있습니다. 또한 복음의 거룩함의 본질과 필요성, 은혜와 도덕성 간의 차이, 혹은 복음에 순종하면서 하나님을 향해 영적으로 사는 삶과 도덕적인 덕성으로 가는 길 간의 차이가 명시되고 설명되어 있습니다."

오웬의 이 작품이 세상에 나온 지 거의 두 세기가 지났지만 이와 동일한 주제에 관해 영어로 쓰인 작품 중에서 이만큼 포괄적인 충만함을 가지고 접근한 작품은 없습니다. 윌버포스(Wilberforce)는 그가 읽은 가장 위대한 신학 참고서 중의 하나인 이 작품에 은혜를 입었다고 인정하였고, 세실(Cecil)은 이 책이 그에게 신학에 관한 '보물 창고' 였다고 분명하게 말하고 있습니다.

오웬이 이 훌륭한 책에서 맞잡아 겨루고 있는 것은 단지 오류에 관한 두 가지 공통 극단– 하나는 계시의 내적 빛을 이야기하는 광신자들의 오류였고, 다른 하나는 성령의 존재하심을 전혀 믿지 않는 소시니안들의 오류로, 그들이 비범한 사람이라면 이러한 빈약한 신조를 믿을 리가 없을 것이라고 말한 바 있습니다 –만은 아니었습니다.

당시 오웬이 이러한 오류를 범하는 두 부류보다 더 위험하다고 생각한 세 번째 부류가 있었습니다. 그들은 설교할 때 성경의 신빙성은 크게 강조했지만 성경의 진리는 그다지 강조하지 않았습니다. 심지어 그들은 성령의 교리를 그들의 신조의 한 항목으로 옹호하면서도 사람의 마음에 역사하는 하나님의 은혜의 실제적인 역사에 대해서는 '불온전한 마음의 연약한 상상' 이라고 조롱했습니다.

사실, 오웬의 논문 중 상당 부분에서 이와 같은 마음씨 좋고 공손한 신학자들을 언급한 것은 영적인 삶의 실재를 입증하는 것이었습니다. 오웬도 이러한 자들을 풍자하고자 하는 마음을 항상 억누르지는 못했습니다. 그래서 그들 중 몇몇은 자신들이 '이성적인 신학자' 로부터 비난받았다고 불평하기도 했습니다. 그는 이에 답변하기를, 만약 그들이 그렇게 비난받았다면, 마치 제롬(Jerome)이 (몇몇 사람들이 판단하기에) 키케로풍의 글을 쓴다고 천사에게 매를 맞았던 것처럼 아주 분에 넘치는 것이라고 했습니다.[11]

† 두 번째 결혼

오웬의 가정사에 관해 우리가 '수박 겉 핥기 식'으로라도 들여다볼 수 있는 사실은 거의 없습니다. 아마도 그는 1676년에 그의 첫 번째 부인과 사별한 것으로 보입니다. 그의 초창기 전기 작가 중의 한 명은 그녀에 대해 '뛰어나고 아름다운 여인으로 오웬을 매우 사랑했고 적당한 보상을 받았다'라고 언급하고 있습니다.

그는 18개월 동안 홀로 지내다가, 도세트셔의 지위 높은 집안의 딸이자, 스타드햄 근처에 있는 치셀햄프턴의 토마스 드오일리(Thomas D' Oyley) 경의 미망인인 미쉘(Michel)이라는 여인과 결혼을 했습니다. 이 여인은 오웬에게 상당한 재산을 가져다주었습니다. 오웬 본인이 지닌 재산과, 거의 같은 시기에 그의 조카인 마틴 오웬(Martyn Owen)이 그에게 남겨 준 유산과 더불어 이 재산은 오웬의 형편을 안락하고 풍부하게 만들어 줌으로써 남은 세월 동안 그가 마차를 타고 다닐 수 있게 해 주었습니다. 수도사적인 양심을 가진 안소니 우드(Anthony Wood)의 평으로 볼 때, 오웬은 이 모든 기회를 취하여 이 인생의 편안한 안락을 누렸던 것으로 보입니다.

---

11. 독자에게 보내는 연설, p. xli. 그러나 오웬의 포괄적인 계획은 이 중심적인 논문 안에서 완성되지 않았습니다. 그가 가진 주제의 몇몇 중요한 분야에 좀 더 풍성한 논의를 부여하면서 간간히 새로운 논문들이 계속해서 등장했습니다. 1677년에 『믿음의 근거』(*The Reason of Faith*)라는 책이 출판되었습니다. 그리고 1682년에는 『성령이 도우시는 기도』(*The Work of the Holy Spirit in Prayer*, 2005. 지평서원 역간)라는 책이 등장했습니다. 마침내 1693년, 사후에 출판된 두 권의 논문인, 『위로자로서, 그리고 영적인 은사를 나누어 주는 본인으로서 성령의 역사』(*On the Work of the Spirit as a Comforter, and as he is the Author of Spiritual Gifts*)가 오웬의 정성 들여 만든 개요를 완성시켰습니다.

제8장

삶의 끝자락

Last Days

많은 징후들이 이제 오웬의 대중적인 생애가 종말에 다다르고 있다는 사실을 분명하게 해 주었습니다. 무척이나 파란만장했던 인생의 흥분과 고민들, 그리고 고된 연구로 인한 피곤함이 여러 가지 병세로 나타나고 있었습니다. 그는 종종 설교도 할 수 없을 정도로 천식이 심했습니다. 그 당시 열심히 공부하는 사람들에게 빈번히 발병하는 괴로운 병이었던 담석증도 분명하게 그 증세를 드러내고 있었습니다.

이러한 상황에서 래든홀가에 있는 교회를 목회하는 데 있어서나, 출판을 위해 그의 남은 작품을 준비하는 데 있어서 도움을 얻는 것은 불가피했습니다. 짧은 시간 동안이지만 그와 연계된 사람들 중에서, 우리는 꽤나 범상치 않은 이력을 지닌 두 사람을 만나게 됩니다.

성직자로서 인생을 시작했다가 후에는 정치 계락자요 소논문 집필자가 되었고, 윌리암 사건으로 위험한 모험을 감행한 후에 결국에는 자코바이트(Jacobite)[1]가 되어, 영예보다는 악명을 남기면서 엇나가고 요동하는 인생을 마감한 로버트 퍼거슨(Robert Ferguson)이 그중의 한 사람이었습니다. 다른 한 사람은 그 경건함이 감독 제도에 대해 그가 가진 혐오감을 압도하고 스코틀랜드 장로교도들이 여전히 『놓인 암사슴』(*Hind Let Loose*)의 저자로 존경하는 스코틀랜드 사람, 알렉산더 쉴즈(Alexander Shields)였습니다. 아마도 이 두 사람이 주로 오웬의 집필을 도왔던 것으로 보입니다.

반면 온화하고 탁월한 데이빗 클락슨(David Clarkson)은 오웬과 같이 목회를 하면서, 기꺼이 그 고뇌와 수고를 나누며 이 걸출한 청교도의 기울어 가는 말년을 위로해 주었습니다. 클락슨은 백스터에게서 적지 않은 존경을 받았습니다. 그리고 베이츠(Bates) 박사도 클락슨을 일컬어 '마음에 살아 있는 은혜의 샘이 대화를 통해 그 자체로 퍼지는 진정한 성자'라고 아름답게 칭송한 바 있습니다. 이처럼 그의 생애는 거룩한 담화를 조용하게 반복하였습니다.

† 계속되는 집필

이러한 집필자들의 도움에 힘입어 오웬은 1677년, 『칭의의 교리에 관하여』(*On the Doctrine of Justification*)를 완성하여 출간했습니다. 그는 이 책을 통해 최고로 논쟁했던 시절에 그가 자유자재로 사용했던 자원들과 논리적인 논증 능력이 전혀 녹슬지 않았음을 보여 주었습니다.

오웬이 의롭게 하는 믿음의 본질을 잘못 다루었다는 비난에 대해 어느 정도는 동의합니다. 이는 그가 칭의 교리의 단순함마저도 설명을 불가능하고 불필요한 것으로 만들었기 때문입니다. 그러나 이 비난을 오웬에게만 한정

1. 역자주 – 망명한 영국 왕 제임스 2세의 지지자들입니다.

시켜서는 안 됩니다. 이는 청교도 신학자들이 그들의 학문적인 비범함에도 불구하고 믿음이라는 주제를 다룸에 있어서는 종교개혁자들보다 훨씬 못 미쳤기 때문입니다. 믿음에 관한 가장 큰 어려움은 형이상학적인 문제가 아니라 도덕적인 문제였습니다. 왜냐하면 심혈을 기울여 이것을 기술하려는 시도들은 마치 아름다운 투명함을 다루는 것과 같아서 만지기만 하면 그 광휘가 사라져 버리기 때문입니다.

이 위대한 작품은 수년에 걸친 숙고의 무르익은 열매입니다. 우리가 그의 얼마 남지 않은 말년에 쓴 저작들을 살펴볼 때, 그의 저작들이 주로 세 가지 부류에 속해 있음을 알 수 있습니다. 특히 그중 두 가지는 오웬의 주변에서 일어났던 사건들과, 결코 방심하는 법이 없이 무엇이든 금세 알아차리는 그의 위험한 버릇으로 인해 생겨났다는 사실을 쉽게 발견할 수 있을 것입니다.

로마 가톨릭교의 위험성

오웬은 로마 가톨릭을 논박하는 여러 저술을 남겼습니다. 『로마 가톨릭교회, 전혀 안전하지 않은 안내자』(*Church of Rome no Safe Guide*), 『개신교 신앙의 기술』(*An Account of the Protestant Religion*), 『하나님의 선하심과 가혹하심에 관한 간증』(*Humble Testimony to the Goodness and Severity of God*)과 같은 작품에서 우리는 '밤이 얼마나 지났느냐?' 라는 질문에 대한 파수꾼의 답변을 들을 수 있습니다.

오웬은 찰스와 교황이 함께 있는 궁정을 동정하는 마음, 영국 국교회의 적지 않은 사람들이 로마 가톨릭으로 옮겨 갈 준비가 되어 있는 것, 요크 공작의 공인된 가톨릭 신앙과 왕권 계승의 가능성, 종교의 위험성, 자유, 그리고 이와 같은 어두컴컴한 해악들의 전조를 알리는 모든 것에 민감해 있었습니다. 뒤이어 일어나는 사건들의 조명 아래 지금 우리가 읽고 있는 이 작품들의 많은 부분에서 볼 수 있는 오웬의 지혜와 선견지명은 우리를 놀라게 할 뿐 아니라 경외감에 빠지게 만듭니다.

개신교도들 간의 연합

개신교도들은 로마 가톨릭이라는 주제로 격앙되어 긴박감을 느끼고 있었습니다. 오웬은 이들의 이러한 모습을 바라보는 것에 더하여 공통의 적을 대항하기 위한 준비를 위해 그들 가운데 있는 모든 소외감과 분열을 없애고, 위대한 개신교 공동체의 다양한 부분들이 연합되며 서로 신뢰하는 모습을 간절히 보고 싶어했습니다. 이는 그가 감독 교회로부터 분리되어야 할 필요성과 의무에 대한 확신이 부족했기 때문이 아니었습니다. 이는 오웬이 능력 있는 성직자 스틸링플릿(Stillingfleet)의 가혹한 공격 때문에 내몰린 그와의 논쟁에서 불일치에 대해 가장 우수하게 옹호하는 작품을 쓴 것으로 알 수 있습니다.[2]

그러나 그는 비국교도들의 다양한 모습들 사이에 존재하는 차이가 참된 중요성에 이르면서 점차 줄어들기를 바랐습니다. 또한 결코 좁혀지지 않는 차이점이 있더라도 서로에 대한 신뢰와 연합된 행동 안에서 함께 결속되었으면 하는 갈망이 계속 커지고 있었습니다. 『개신교도들 간의 연합에 관하여』(*On Union among Protestants*)라는 그의 작품은 이와 같은 의도로 저

2. 이 작품은 『비국교도들의 해명』(*Vindication of Nonconformists*)이라는 제목의 방대한 논문이었습니다. 비중 있는 하웨로부터 기지 넘치는 알솝(Alsop)에 이르기까지 모든 지도자적인 비국교도들이 이 논쟁에 참여했던 것으로 보입니다. 스틸링플릿은 『분리의 부당함』(*Unreasonableness of Separation*)이라는 명석한 작품 안에서 답변했습니다. 이에 맞서 오웬은 『분리의 부당함에 대한 답변과 분열시키려 한다는 죄책으로부터 비국교도들의 정당함을 밝히려는 변호』(*Vindication of the Nonconformists from the Guilt of Schism*)라는 책에서 초토화시키는 효과를 내기 위해 묵직한 대포를 끌어왔습니다.

술된 것입니다.

우리는 또한 이 작품의 주된 목표 중의 하나가 그의 또 다른 책인 『복음주의 교회들의 본질』(*The Nature of a Gospel Churches*)[3]에서 완성되었다고 확신합니다. 몇몇 사람들은 이 지고한 가치가 있는 논문을 오웬의 교회 조직에 관한 관점의 철회요, 정치적 활동에 들어갔을 때에 가지고 있었던 장로교도들의 신조로 회귀하는 것이라고 기술하고 있습니다.

그러나 이 논문을 자세히 살펴보면 우리는 오웬의 생각이 전혀 그러하지 않다는 사실을 알 수 있습니다. 오히려 그의 목적은 그의 생각이 온건한 장로교도들과 얼마나 동떨어져 있는지를 보여 주고, 분열이 증대되었던 그 풍파 많은 시대에 조화롭게 일어날 수 있는 연합된 행동의 무대를 만들려는 데 있었습니다.

그는 믿음을 고백하는 집단으로서의 복음 교회의 참된 본질을 감탄스럽게 기술하고 있습니다. 또한 '교회 내에 혹은 교회 위에 모든 행정적 권력을 가지는' 어떤 사람이나 단체도 부인하고 있습니다. 이에 반해 초대 교회에 있었던 직분자들의 체제- 가르치거나 다스리기만 했던 많은 장로들과 함께, 다스리는 것과 모든 거룩한 사역을 도왔던 교회 내의 한 목회자나 주교 -가 교회의 규례나 훈육을 쓸모없게 만들 정도로 교회의 체제를 전복시키지는 않는다고 고백하고 있습니다.

그리고 오웬은 교회들 사이의 교제와 관련해서, 어떤 교회나 지도자들의 모임에 부분적으로라도 전제(專制)적인 간섭이나 명령과 같은 것을 행사하는 것은 모두 부인하고 있습니다. 동시에 '어떤 교회도 항상, 그리고 모든 경

---

3. 이 논문의 두 번째 부분인 『복음 교회의 참된 본질과 그 통치』(*The True Nature of a Gospel Church, and its Government*)는 사후에 출판되었는데 1689년까지는 발견되지 않았습니다.

우에 다른 교회들과의 연대 없이 자체만의 뚜렷한 권력으로 교회가 예수 그리스도와 보편적인 교회에 고백하고 있는 직무를 준수할 수 있을 만큼 독립적일 수 없다는 사실과, 교회의 직무를 그 교회 회중만의 행동으로 국한시키는 교회는 보편적인 교회와의 외적인 교제로부터 단절된다' 는 사실을 고수했습니다.

또한 그는 '상호적인 교제를 나누고 있는 여러 교회들의 자발적인 동의에 의해 그리스도의 이름 안에서 소집된 교회 회의는 성경 안에서 계시되고 지정되었기에 성경 안에 있는 성령의 마음으로 천명하고 결정할 것이며, 참되고 필요한 것들의 준수를 규율로 포고해야 한다' 고 생각했습니다.

더 나아가 그는 '믿을 만한 증언에 의해, 어떤 교회든 거룩한 예배 의식에 미신적이거나 헛된 어떤 것을 허용했다고 보고되었거나 알려진 경우, 혹은 교회의 신도가 사도들이 기술한 사람들[4]과 같이 복음과 그리스도의 길을 수치스럽게 한 경우, 그 교회가 스스로 자체 개혁과 회개에 힘써야 한다. 그렇지 않으면 그리스도의 영광과 복음의 영예 안에서 가지는 공동의 이해 관계의 힘으로 그 교회와 함께 계속 교제하는 다른 교회들은 그 장로들에게 먼저 사적인 방법으로 그 행위를 자제하도록 한 후에, 교회의 회복을 위해 한 걸음 더 나아간 방법을 사용하거나 혹은 계속해서 그들이 죄악된 길을 고집하는 경우 교제를 보류하기 위한 권고를 얻고자 회의를 소집해야 한다' 고 생각했습니다.

우리는 이러한 원칙들과 당시의 장로교도들 간의 거리가 어느 정도였는지, 혹은 이 원칙들과 오늘날의 수정된 장로교도 사이의 거리가 얼마나 좁혀졌는지를 측량해 보지는 않을 것입니다. 그러나 우리는 오웬의 가장 나이 든

---

4. 빌 3:18,19 참고.

한 전기 작가처럼 이 원칙들이 '문제를 치유하려는 그의 성품'의 한 증거라고 분명히 말할 수 있습니다.

복음의 중심적인 진리

그러나 오웬으로 개신교도들 간에 연합을 그토록 간절히 원하게 만들었던 개신교의 외적인 어려움 외에도, 우리는 여전히 복음의 위대한 중심적 진리가 그의 마음에 더욱 크게 자리하고 있고 그가 그 안에서 느끼는 기쁨이 나날이 커져 가고 있다는 사실을 보여 주는 또 하나의 흥미로운 설명을 발견하게 됩니다.

우리가 기독교의 그 독특한 영광과 능력을 이루고 있는 위대한 진리 안에 자리를 잡을 때, 기독교인들 간의 차이는 그 크기가 상대적인 비율로 바뀌면서 대수롭지 않은 것으로 보이게 됩니다. 이 진리의 찬란함이 오웬의 마음에 더욱 깊이 자리를 잡게 되었습니다. 당시 그가 출판한 작품으로 이제 우리가 그 제목을 소개하려고 하는 세 권의 위대하고 교리적으로 독실한 작품이 이러한 사실의 증거가 됩니다.

첫 번째로, 『기독론(*Χριστολογια*), 또는 이에 관한 제정 안에서의 하나님의 무한하신 지혜와 사랑과 능력과 함께 하나님이자 사람인 그리스도 인격의 영광스러운 위엄의 선포, 또한 그리스도의 성육신의 근거와 이유, 하늘에서의 그리스도의 사역의 본질, 그리스도의 사역 아래 있는 교회의 현재 상태, 신앙에서 그리스도의 인격의 쓰임에 관한 선포』라는 작품이 세상에 나왔습니다. 전체 논고가 흘러 나오는 근원은 우리 주님께서 베드로에게 말씀하신 선포에 있습니다. "또 내가 네게 이르노니 너는 베드로라. 내가 이 반석 위에 내 교회를 세우리니 음부의 권세가 이기지 못하리라"(마 16:18).

선포된 이 말씀 안에서 오웬은 세 가지의 위대한 진리를 발견합니다. 그리고 이에 관한 예증으로 이 책의 내용을 구성하고 있습니다.

첫째, 그리스도가 그분의 교회의 기초이다.

둘째, 그리스도의 인격 위에 교회가 세워졌기에 땅과 음부의 권세가 교회를 공격할 것이다.

셋째, 그리스도의 인격 위에 세워진 교회는 그리스도의 인격으로부터 결코 분리되거나 파괴되지 않을 것이다.

이 주제 안에 얼마나 풍요한 교리적 대지와 학식 있는 예증, 경건한 묵상이 오웬의 마음을 향해 열려 있는지를 보는 것은 어렵지 않습니다. 오웬은 천상의 교제를 하곤 했던 그 모든 기쁨을 가지고 이 책에 자세히 설명하고 있습니다. 그가 어떻게 이따금 너무 학문적이고도 육중한 갑옷을 벗어 버리고, 단순히 설교적인 것에서 거룩함 자체로 솟아오른 채, 기쁨에 충만하여 곧 드러날 영광을 힐끗 엿보려고 하는지를 주시해 보면 즐겁습니다.

그리고 그의 심중을 깊이 살피고 감화하게 한, 『영적인 마음가짐을 가지는 것의 은혜와 직무』(*The Grace and Duty of being Spiritually-minded*)라는 책이 뒤이어 나옵니다. 이 책은 처음에 오웬 자신의 마음에 설교되었고, 그 뒤에 은밀한 회중에게 설교되었습니다. 이 논문은 오웬의 순례의 여정 말년에 아무도 손대지 않았고 아무도 밟은 적이 없는, 탁월한 그의 걸음을 우리에게 드러내 줍니다.

우리 시대의 가장 겸손하고 거룩한 이들 중의 한 사람은 "영적인 삶은 고독 속에서 양분을 받아 자라야 하고, 천국을 가려는 지망생은 소음과 소란, 일상적 삶의 격정과 멀리 떨어진 채, 그 자신을 기도와 항상 깨어 있는 훈련에 전념시켜야 한다는 사실은 거의 없어서는 안 될 필수 요소로 보인다"[5]라

5. 오웬의 영적인 마음가짐에 관해 찰머스 박사가 쓴 소개의 글, p. 24.

고 말한 바 있습니다. 오웬의 탁월함은 바로 여기에까지 미치고 있었습니다.

오웬의 마지막 작품은 『그리스도의 영광 – 강론과 묵상』(*Meditations and Discourses on the Glory of Christ*, 1995. 지평서원 역간)입니다. 이 책은 오웬의 최후의 나날들의 거룩한 묵상을 형상화하고 있고, 대부분이 마치 하늘의 경배자들의 찬양에 화답하고 있는 것처럼 보입니다. 번연은 그의 순례의 길과 관련하여 '천성에 가까이 갈수록 천성의 모습이 더욱 완벽하게 보였다' 라고 표현하고 있습니다. 우리는 이 말을 이 책에 기록된 오웬의 묵상에 적용할 수 있을 것입니다.

세 명의 위대한 청교도 신학자들이 각각 '천국' 이라는 주제에 관해 논문을 썼는데, 여기서 각각의 작가들이 보았던 나름의 독특한 측면을 지니고 있다는 사실은 매우 인상적입니다. 백스터의 마음에 있는 천국은 '안식' 이었습니다. 이 땅에서의 그의 삶이 평생 동안 질병을 앓는 것보다 더 나을 것이 없었다는 것을 기억할 때 별로 놀라울 것이 없습니다. 또한 더 순전한 상태의 존재가 되는 것을 항상 갈망했던 하웨의 마음에 가장 좋은 천국의 개념은 '거룩한 행복' 이었습니다.

반면 오웬은 천국의 영광을 '그리스도의 모습이 밝히 드러나는 것' 에 존재하는 것으로 여겼습니다. 이처럼 개념들은 다양하지만 이들 모두는 진리입니다. 그리고 그리스도를 온전히 보고 전심으로 즐거워할 때 다른 모든 것이 보장될 것입니다. 이제 오웬을 이처럼 대단한 영광의 중압감 한가운데로 이끌어 간 얼마 남지 않은 그의 행보를 따라가 봅시다.

† 시골로 옮겨가다

우리는 앞에서 어떤 어려움 가운데서도 비국교도들에게 계속해서 친절함을 보인 귀족들 중, 왈튼(Wharton) 경을 언급한 바 있습니다. 그는 버킹햄셔의 워번(Woburn)에 있는 그의 주거 지역을, 프랑스에 있는 몰네이와 뒤플레시스의 성을 그 고귀한 주인들이 개신교도들의 피신처로 열어 주었던 것과 마찬가지로, 박해받는 성직자들의 피난처로 제공해 주곤 했습니다.

한편 오웬의 병세는 악화되었는데, 그는 공기가 좋은 곳에서 요양지인 워번으로 때마침 초대를 받았습니다. 이는 다른 박해받는 형제들도 이 안전한 휴양지에서 그를 만남으로써 일치된 조언과 헌신의 유익을 즐길 수 있게 하기 위함이었습니다. 그러나 이곳에서도 병세가 계속 심해졌기에 그는 그가 바라고 바랐던 런던에 있는 양 무리에게 돌아갈 수 없을 것 같았습니다.

이곳에서 그의 양 무리에게 써 보낸 편지 한 통은 박해받았던 시기의 염려가 어떤 것이었는지를 너무나도 생생하게 보여 줍니다. 뿐만 아니라, 이 편지에서 당시 고난 가운데 있던 성도들을 향한 오웬의 충절과 사랑이 매우 컸음을 보는 것은 흥미롭기까지 합니다. 이에 더하여 우리는 이 편지와 우리의 이야기를 서로 엮어 보는 독특한 기쁨도 맛보게 될 것입니다.

'주 안에서 사랑하는 성도들에게'

"자비와 은혜, 평강이 성령의 교통하심으로 말미암아 하나님 아버지와 주 예수 그리스도로부터 여러분에게 충만히 넘치기를 소망합니다. 지금쯤 여러분과 함께 있을 것으로 기대하고 바랐건만, 우리의 거룩하시고 자비로우신 아버지께서는 그 반대편으로 저를 인도하시기를 기뻐하시는 것 같습니다. 고통스러운 병세가 지속되고 몸이 계속 약해져서 지금으로서는 여행을 감당할 수 있으리라는 소망을 가질 수가 없습니다. 그러나 모든 일에 있어서 누구의 뜻에 기쁨으로 저 자신을 복종시켜야 할 때인지를 생각하니, 이것이 저에게 얼마나 큰 훈련이 되는지요!

비록 저의 몸은 여러분과 떨어져 있지만, 저의 마음과 사랑과 영은 여러분과 늘 함께 있습니다. 또한 주님의 날에 여러분이 저의 면류관이요, 기쁨이 되기를 소망합니다. 저는 여러분이 하나님의 전적인 뜻 안에 견고히 서서 흔들림 없이 처음 붙잡았던 확신을 끝까지 유지하기를 밤낮으로 기도하고 있습니다.

저를 대신해서 사역을 맡은 저의 형제가 잘 섬기고 있는 이 시점에서, 예배에 관한 사항으로 제가 이 먼 곳에서 여러분에게 편지를 쓰는 것이 불필요하다는 사실을 잘 알고 있습니다. 그렇지만 여러분을 향한 저의 넘쳐나는 사랑으로 제 연약함이 허용하는 한, 몇 가지를 여러분에게 다시 환기시키도록 여러분께서 허락해 주시리라 믿습니다.

먼저는, 우리가 그리스도와 복음을 고백하는 것으로 인해 겪게 될 수치와 손실이 이 생애에서 우리가 나누어 받을 수 있는 가장 큰 영예라는 사실입니다. 하나님께서 이 사실을 우리 마음에 깊이 뿌리내리게 해 주시기를 기도드립니다. 그러하기에 사도들도 그분의 이름을 위하여 능욕 받는 일에 합당한 자로 여겨지는 것을 기뻐했습니다. 이것은 믿음의 은혜 위에 덧붙여진 특권으로서 모든 사람이 다 나누어 받는 것은 아닙니다.

그러하기에 특정한 상황에 있던 빌립보 성도들도 그리스도를 믿을 뿐 아니라 그분을 위해 고난까지 받아야 했고, 주님의 가장 커다란 적을 다스리는 것보다 그리스도와 함께 고난 받는 것을 훨씬 더 영예롭게 생각했습니다. 만약 이것이 믿음으로 우리 마음에 확고히 고정된다면 우리는 아주 큰 격려를 받게 될 것입니다. 전반적인 상황이 여러분을 더욱 압박하고 있다는 사실을 알기에 단지 이렇게만 언급하겠습니다.

제가 여러분에게 다음으로 권면하고 싶은 것은, 여러분 가운데 서로를 향한 사랑을 증대시키라는 것입니다. 이는 우리의 주 예수 그리스도를 향한 믿음의 모든 시험이 형제를 향한 우리의 사랑의 시험이기 때문입니다. 이것이 바로 주 예수 그리스도께서 우리에게 기대하시는 것입니다. 다시 말해, 세상의 미움이 공공연히 나타나서 우리 모두에게 대항하며 역사할 때, 우리는 우리 가운데 더욱 활발히 사랑해야 합니다. 어떤 타락이나 냉랭함이 있다면, 혹은 그러한 것이 이러한 때에 회복되거나 치유되지 않는다면 우리는 결코 사랑을 기대할 수 없을 것입니다.

서로를 향한 여러분의 사랑이 더욱더 넘쳐나서 모든 것에 영향을 주고 그 열매가 전 사회와 모든 사람들에게 미치기를 하나님께 기도드립니다. 여러분 가운데 이 은혜가 커져갈 때 현재의 이 시험의 열매를 바르게 측량할 수 있을 것입니다. 특별히, 연약하고 시험에 빠져 있는 사람들을 잘 보살피십시오. 그래서 절뚝거리는 자가 길에서 낙오되지 않고 치유받게 하십시오.

한 걸음 더 나아가, 형제들이여! 박해가 가중될수록 권고의 말씀을 들을 것을 간곡히 당부합니다. 이는 때에 따라 합당하게 행하는 것입니다. 여러분에게는 이끌어 줄 만한 장로들도 없고 대중적으로 안전하게 행할 수 있도록 도와주는 교사들도 없습니다. 그러하기에 상황이 허락되는 대로 집집마다를 방문할 수 있는 몇몇 사람들을 여러분 가운데서 지명했으면 합니다. 이러한 사람들은 낙담하고 있거나 언제든 포기할 수 있는 연약한 사람들, 시험당하는 사람들, 두려움에 빠진 사람들에게 지속적인 관심을 가지고 주 안에서 격려할 수 있을 것입니다. 이러한 목적을 위해 용기와 인내의 정신을 갖춘 사람들을 선택하십시오. 그리고 그들에게 그리스도께서 이 복된 일로 그들을 영예롭게 하실 것을 행복으로 여기게 하십시오.

저는 이 일을 위해 교회의 상태를 잘 알고 있는 신실한 형제들이 많이 세워지기를 바랍니다. 여러분은 성도들의 상태를 잘 알고 있어야 합니다. 그래야만 여러분이 기도할 때 방향을 제시해 줄 수 있습니다. 형제들이여! 하나님의 뜻일진대, 단 한 영혼도 여러분의 보살핌 아래서 잃어버리지 않도록 조심하십시오. 아무도 도외시되거나 방치되지 않도록 그들의 모든 형편을 고려하고 그들의 모든 상황에 전념하십시오.

마지막으로, 형제들이여! 지금의 두려움과 위험으로부터 여러분이 영적인 복을 받고 있는지를 살펴보십시오. 이를 통해 여러분의 상태를 참되게 측량할 수 있을 것입니다. 만약 이 상황이 여러분의 믿음과 사랑, 거룩함을 연습하게 하는 데 있어서 어떤 도움이 되거나 복음의 특권에 대한 여러분의 가치를 증대시켜 준다면, 이것은 의심할 바 없이 예수 그리스도께서 여러분의 환난에 부여하신 복된 소산의 증표일 것입니다.

기도할 때 저를 위해서도 기도해 주십시오. 그리고 하나님의 뜻이거든 제가 회복되어 여러분에게 갈 수 있도록, 하지만 하나님의 뜻이 그렇지 않다면 제가 하나님의 나라와 그 영광에 복되게 들어갈 수 있도록 기도해 주십시오. 제 이름으로 모든 교회에 문안드립니다.

예수님을 위해 여러분의 무가치한 목회자요 여러분의 종으로서의 제 이름을 서명할 담대함을 주 안에서 얻으며.

죤 오웬.

추신. 여러분이 기도할 때 저와 함께 거하는 가족도 기억해 주기를 겸손히 바랍니다. 이들을 통해 그리스도인의 크나큰 도움을 받아 왔고 지금도 받고 있습니다. 사도가 오네시보로에 대해 '주께서 오네시보로의 집에 긍휼을 베푸시옵소서. 저가 나를 자주 유쾌케 하고 나의 사슬에 매인 것을 부끄러워 아니하여' (딤후 1:16)라고 말한 것처럼, 저도 이들에 대해 말할 수 있을 것입니다."

오웬은 병세가 보다 악화되자 얼마 있지 않아 시골의 맑은 공기를 쐬기 위해 런던에서 켄징톤으로 옮겨 갔습니다. 그러나 이따금 런던을 방문하기도 했습니다. 이렇게 런던을 방문하던 어느 날, 우연히 일어났던 한 사건은 이 시기에 대한 또 다른 그림을 우리에게 보여 줍니다.

오웬이 스트랜드가를 따라 마차를 타고 가고 있었을 때, 두 명의 밀고자들이 그의 마차를 세우고는 말을 빼앗았습니다. 만약에 때맞춰 그곳을 지나던 치안 판사인 에드먼드 갓프레이(Edmund Godfrey) 경이 마차를 둘러싸고 모여 있는 폭도들을 보고 무슨 일이냐고 묻지 않았다면 더 심한 폭력이 가해졌을 것입니다.

상황을 파악한 갓프레이 경은 오웬과 함께 이 밀고자들에게 지정한 날에 치안 재판소로 출두할 것을 명령했습니다. 모두 재판소에 출두했을 때, 이 밀고자들이 아주 불법적으로 행동해 왔다는 사실이 드러나, 비열하게 얻으려 했던 보상금은 고사하고 큰 징계를 받고 해직되기에 이르렀습니다. 이렇게 해서 오웬은 한 번 더 사냥꾼의 올무에서 벗어날 수 있었습니다.

† 영광으로 가는 길

대중적인 삶의 장에서 한발 더 물러난 오웬은 얼마 후에 얼링의 조용한 마을을 거주지로 정했습니다. 이곳에는 오웬 소유의 집과 약간의 땅도 있었습니다. 당시 그는 다른 비국교도들과 라이하우스 사건[6]에 연루되는 일로 인하여 한 번 더 박해가 가해져 말년의 거룩한 시간들까지 방해와 위협을 받았습니다. 그러나 이 혐의는 너무도 터무니없는 것이었습니다. 그래서 하나님께

6. 역자주 – 1683년 4월에 영국에서 일어난 국왕 암살 미수 사건입니다.

서는 오래 전부터 이 모든 해악이 미치지 못하도록 그를 데려가심으로써 사람의 교만과 구설의 분쟁으로부터 면하게 하시고 그분의 은밀한 장막에 감추셨던 것 같습니다.

안소니 우드(Anthony Wood)는 오웬에 관해 "그는 매우 내켜하지 않으면서 머리를 떨구며 숨졌다"라고 말했습니다. 그러나 이러한 설명은 하늘에 속한 고결한 청교도의 최후를 실제로 목격한 사람들에게 보인 도덕적 숭고함의 장관과는 매우 거리가 먼 것이었습니다. 이 세상의 모든 사역으로부터 해방되는 그 시간, 매일같이 간절히 고대하고 기다렸던 그 시간이 가까워지고 있음을 언급하고 있는 그의 최후 작품들 중의 하나에서 그는 다음과 같이 말하고 있기 때문입니다.

"저는 아직 이러한 상황이 계속될 가능성 안에서 살고 있고, 또한 기뻐합니다. 이야말로 표현할 수 없이 많은 유익들 가운데, 사람의 열정이나 이익과 무관하지 않으면서, 무덤에서 얻을 수 있는 것과 아주 긴밀히 연계되어 있는 것입니다. 또한 이는 저에게 이 모든 박해의 한가운데서 아무것도 개의치 않을 수 있는 마음을 주었습니다."

그리고 그의 임종시 일어났던 모든 일은 그가 기술하고 있는 것의 연장선상으로써 밝게 빛나고 있는 그 경험에서 비롯되었습니다.

그가 죽기 바로 전날, 그는 그의 사랑하는 친구 찰스 플릿우드(Charles Fleetwood)에게 보낸 한 편지에서 그리스도인다운 애정과 은혜를 통한 선한 소망을 아름답게 표현하고 있습니다.

'사랑하는 친구에게'

"자네에게 단 한 마디도 직접 쓸 수 없지만, 그럼에도 이 세상에서 자네에게 한 마디라도 더 말하고 싶은 마음이 간절하여 아내의 손을 빌어 이렇게 편지를 쓰네. 자네의 흠 없는 친절함은 나에게 매우 소중할 뿐 아니라, 죽는 그 순간까지도 나에게 힘이 되어 줄 것일세.

나는 이제 내 영혼이 사랑해 왔던 분, 아니 오히려 영원한 그 사랑으로 나를 사랑해 오신 그분-이것이야말로 내가 가진 모든 위로의 완전한 토대라네-께로 가려고 하네. 이 여행은 간헐적인 열에서 비롯되는 여러 종류의 심한 고통 때문에 매우 괴롭고 피곤하다네. 의사의 권유에 따라 오늘 런던으로 나를 데려가기 위해 모든 것이 갖추어졌네. 그러나 우리 모두 이 여행을 감행하기에 턱없이 쇠약해진 나로 인해 실망하고 있다네.

나는 폭풍 가운데 있는 교회라는 배를 떠나네. 그러나 위대하신 선장이 배 안에 계시는데, 노를 젓는 한 사람이 떠난들 무슨 일이 있겠는가. 깨어서 기도하고 소망을 품고 끈기 있게 기다리며 낙심하지 말게나. 약속이 견고히 섰으니 그분께서 결코 우리를 떠나지도, 우리를 버리지도 않으실 것일세.

자네의 사랑하는 아내가 아프다는 소식을 듣고 매우 괴로웠다네. 그러나 선하신 주님께서 자네 아내의 곁에 서서 붙드시고 건지실 것일세. 자네의 아내와 주 안에서 나에게 너무나도 소중한 다른 모든 가족들에게 안부를 전해주게. 자네의 죽어 가는 친구를 성심을 다해 기억해 주게. 자네가 그렇게 하고 있다는 사실과 내가 온전히 자네 안에 있다고 확신하며 나는 편히 쉬겠네."

죤 오웬.

『그리스도의 영광에 관한 묵상』(*Meditations on the Glory of Christ*)의

초판이 에식스에 있는 사프론 왈든의 비국교도 성직자인 윌리엄 패인(William Payne)의 감독 아래 출판되었습니다. 그날 아침, 패인이 이 상황을 오웬에게 알려 주려고 방문했을 때, 오웬은 숨을 거두기 바로 직전이었습니다. 오웬은 두 손을 올려 들고 두 눈으로 올려다보면서 다음과 같이 외쳤습니다.

"그 소식을 들어서 기쁩니다. 오, 하지만 패인 형제! 이 세상에서 지금까지 내가 보았거나 볼 수 있었던 것과 또 다른 방법으로 그 영광을 바라볼 수 있으리라고 오래도록 기다려 왔던 그날이 마침내 왔습니다."

오웬의 그 건장한 체구가 조각나고 고투하는 영혼이 자유롭게 떠나는 것이 결코 쉽게 일어났던 일은 아니었습니다. 그의 주치의였던 콕스(Cox) 박사와 에드먼드 킹(Edmund King) 경은 이제 막 소멸하려는 이 땅의 집이 지닌 그 유별난 힘에 관해 언급하고 있습니다. 그 신성한 시간을 더욱 견고히 지키고 있던 사람들은, 천국의 지지를 받고 있는 그의 강력한 영혼의 육체적 고뇌를 능가하는 지배력을 보면서 경이로움에 압도당했습니다.

"매우 오랫동안 끌어 왔고, 마치 피할 수 없는 사망의 화살처럼 종종 날카롭고 격렬했던 병을 앓아 왔음에도 불구하고, 그는 고요하게 모든 것 아래 순복했습니다."

그의 고투는 마침내 끝이 났습니다. 마치 봉헌하듯 마지막에 두 눈을 뜨고, 두 손을 들어 올린 채, 오웬의 영혼은 영광의 나라로 조용히 떠났습니다. 마침 이날은 2천 명의 비국교도들이 자신들의 양심적인 고백으로 가난과 핍박에 노출되고, 천국문이 프랑스의 순교한 개신교도들을 맞이하기 위해 크게 열렸던, 크라이스트처치 대학의 역사에 있어 기념적인 날인 바돌로매의 기념일, 1683년 8월 24일이었습니다.

11일이 지난 후에, 60명 이상의 귀족들과 애도하는 수많은 사람들이 애곡하며 긴 행렬을 이루며 조용히 런던 거리를 따라 오웬의 유구를 따랐습니다. 그리고 청교도 공동묘지인 번힐(Bunhill) 들판에 이 주검을 안치했습니다. 돌아오는 안식일에 온화한 데이빗 클락슨은 다음과 같이 말했습니다.

"우리는 이 촛대에 빛을 가지고 있었습니다. 이 빛은 방을 환하게 해 주었을 뿐 아니라 멀리 있거나 가까이 있는 다른 사람들도 비추었습니다. 그러나 이제 이 빛은 꺼졌습니다. 우리는 이 빛을 충분히 소중히 여기지 않았습니다. 저는 우리가 우리의 죄악으로 이 빛을 꺼뜨렸다고 말하지 않기를 바랍니다. 우리에게는 다른 교회들이라면 훨씬 더 귀중히 여겼을 특별한 영예와 광채가 있었습니다. 그러나 그 왕관은 우리의 머리에서 떨어졌습니다. 그러나 그렇다고 해서 우리가 '오호라, 우리의 범죄함을 인함이니이다' (애 5:16)라고 덧붙이지는 않았으면 합니다."

제9장

오웬의 힘

The Strengths of Owen

오웬은 노령의 한계에 다다라서 생을 마쳤습니다. 그러나 놀랍게도 그의 끊임없는 활동과 고달픈 연구의 등불은 쉽게 사그라들지 않았습니다. 앤드류 풀러(Andrew Fuller)도 말했듯이 "그는 큰 몫을 한 사람이었다"라고 그에 관해 평할 수 있습니다. 그는 인생의 말년에 몸이 상당히 구부정했다고 합니다.

그러나 열정이 충만했을 때는 얼굴에 근엄함과 인자함이 서려 있었고, 외관은 키가 크고 당당했다고 합니다. 그는 예의 바르게 행동했고 근엄하면서도 친밀한 대화에서는 유쾌한 재치도 가지고 있었습니다. 또한 크게 분개할 만한 상황 아래에서도 자신의 화를 다스릴 줄 알고, 인생의 모든 변화 중에서도 고요한 관대함을 잃지 않았기에 친구들의 존경을 받았습니다. 그와 동시대를 살았던 다른 위대한 청교도들보다 이러한 부분에 있어서 그는 두각을 나타냅니다.

“평소 그의 성격은 진지하고 활기찼습니다. 또한 천국, 그리스도, 성도들, 그리고 모든 인류를 향한 사랑으로 전혀 불평하지 않으면서도 논증적이었습니다. 마치 은혜와 자연이 그 안에서 조화되어 단 하나의 존재를 이루는 것처럼 그의 표현들은 매우 진지하고도 자연스럽게 흘러 나왔습니다.”[1]

이것이 그의 ‘삶의 방식’을 가장 잘 아는 이들로부터 우리가 전해 받은 오웬의 초상입니다. 안타깝게도 우리는 이처럼 일반적인 형태로 묘사된 것만을 전해 받을 수밖에 없습니다. 그리고 오웬의 다른 전기문도 우리로 하여금 ‘그때마다 일어나는 삶의 방식을 포착’할 수 있도록 해 주거나 그의 성품을 어떤 제한 없이 윤곽을 그릴 만한 가정생활과 사회생활에 대한 이야기를 거의 담고 있지 않다는 사실은 아쉬움을 더합니다.

그러나 우리는 대중적인 관계 안에서의 오웬에게 더 많은 관심을 가지고 있습니다. 왜냐하면 이러한 관계 안에서 볼 수 있는 그의 행동을 재검토하는 것이 그의 성품을 형상화하는 근거가 되기 때문입니다. 이제 마무리 짓는 몇 개의 단락에서 이러한 생각을 정리함으로써 이 전기문을 맺고자 합니다.

전기 작가가 빠질 위험이 있는 가장 흔한 오류 중의 하나는 동시대를 살았던 사람들에게는 없는 것처럼 그 전기의 주인공의 탁월함만을 주장하는 데 있습니다. 그러나 저는 ‘비등한 사람들 가운데 으뜸’으로서 오웬 박사를 선보이기 위해 어떤 창의적인 재간을 위대하게 펼친다거나 웅변적인 옹호를 하지는 않을 것입니다.

단지 그러한 결론에 다다르기 위한 방법에 있어서 우리가 어떤 탁월함을 판단 기준으로 삼느냐에 따라 달라질 수 있을 것입니다. 그리고 우리가 이러

1. 친밀한 감시관들이 쓴 오웬을 위한 해명, p. 38.

한 판단 기준으로 개개의 탁월함을 선택해도 된다면, 우리는 각각의 기준에 따라 세 명의 가장 위대한 청교도들을 선보일 수 있을 것입니다.

먼저 설교단에서의 인상적인 웅변과 그 설교로 인해 도처에 퍼진 편만한 활동을 그 기준으로 삼아봅시다. 그렇다면 사도적인 성공의 관을 쓴 모든 사람들과 당대 모든 설교가들이 리챠드 백스터(Richard Baxter)의 손 아래로 굴복해야만 하지 않을까요?

혹은 우리의 과제가 기독교 철학에 가장 정통한 지적 거인들로, 그 상상력이 그가 다루는 모든 주제를 태양광선 안으로 승화시킬 수 있고 창공의 광채로 덮을 수 있는 사람을 찾는 데 있다고 해 봅시다. 그렇다면 우리는 위대한 존 하웨(John Howe)의 발 앞에 왕관을 놓아야 하지 않을까요?

그러나 "모든 청교도들 중에서 계시의 진리를 가장 상세하고 심오하게 정통한 사람은 누구입니까"라고 질문해 봅시다. 누가 하나님의 말씀의 숨겨진 부요함을 발견하고, 말씀의 연관성과 조화를 펼쳐 내며, 삶과 행동에 영향을 미치도록 계시의 가장 난해한 교리를 끌어옴으로써 하나님의 말씀에 어마어마한 분량의 빛을 발했을까요? 누가 '천 명 중의 한 사람, 말씀의 진정한 해석자' 였습니까? 혹은 지금까지 우리가 구체화했던 다른 탁월함들을 기준으로 선택해 봅시다. 이 경우 죤 오웬(John Owen)의 이름이 아무 주저함 없이 만장일치의 찬성표를 얻지 않을까요?

그러나 이러한 평가 방식은 비위에 거슬릴 뿐 아니라 우리가 추천하는 인물에 관한 독특하고 정확한 개념을 전달하지 못합니다. 그러하기에 우리는 오웬을 그가 맺었던 주요 관계와 가장 탁월한 정신적 특징 안에서 고찰해 보고, 그를 우상으로서가 아닌, 한 인간으로서의 초상화를 그려 보는 방식으로 택할까 합니다.

† 설교자로서의 오웬

우리가 명명하는 첫 번째 탁월함은 현대인들이 상당 부분을 사실 이하로 평가하고 있는 부분입니다. 우리는 설교자로서의 오웬의 자질을 언급하고자 합니다. 그의 인쇄된 설교문을 잘 알고 그 설교문에 넘쳐나는 신학의 부요한 광석을 눈여겨본 사람이라면 그 누구도 위대한 설교문 작성가로서의 그를 칭찬하는 일에 주저하지 않을 것입니다.

그러나 이러한 은사가 설교가를 만드는 데 있어서도 동등하게 필수 불가결한 다른 탁월함, 즉 살아 있는 목소리를 사용하여 말씀 안에 담긴 모든 정서와 감정을 표현하는 능력을 포함하지는 않습니다. 설교문에서는 쉽게 볼 수 없지만 오웬은 이러한 자질이 부족했고, 그의 복잡한 문장들은 완벽하게 전달하는 데 있어 필요한 요소들이 빠져 있었기에, 청중을 감화하는 데 치명적인 결함이 있었다는 것이 일반적인 생각이었습니다. 그의 지적 습관은 그를 웅변가로 준비시키는 데 적합하지 않았는데, 마치 애디슨(Addison)이 은행에 많은 금을 가지고 있었으면서도 당장 쓸 돈이 없어 당황했던 것처럼 말입니다.

그러나 오웬과 동시대를 살았던 사람들은 이를 아주 다르게 전하고 있습니다. 오웬을 감탄해 마지않는 몇몇 사람들은 위와 같은 생각이 안소니 우드(Anthony Wood)의 경우처럼 오웬을 악의로 판단한 것이라는 사실에 더 많이 기울어 있습니다. 그들이 기술한 바에 따르면 오웬의 웅변이 백스터의 웅변처럼 열정적이지는 않았지만 설득적이고 넌지시 내비치는 스타일로서, 즉 폭풍우라기보다 이슬 같았다는 결론에 이르게 해 줍니다.

그럼에도 불구하고 이러한 웅변의 형태로 그는 커다란 성공을 이루었습니다. 그의 온화한 동료, 클락슨 씨는 오웬이 어떤 주제에 관해서든 자유자재로 강연할 수 있었던 감탄할 만한 능란함에 관해서 '결코 말이 막히지 않고 미리 생각해 둔 다른 사람들보다 훨씬 더 훌륭하게 즉석에서 자신을 표현하고 심지어 국가의 고위 관직에 있는 사람들의 면전에서도 적절한 용어로 표현하고 정통한 사상을 드러내고 있었다' 라고 기술하고 있습니다.

우리는 이미 오웬의 웅변에 관해 '거의 그가 원하는 대로 청중의 감정을 움직이고 휘몰아 갔다' 라는 우드의 표현을 인용한 바 있습니다. 종종 오웬의 설교를 들었던 명석한 판단과 변별력을 지닌 한 작가는 그에 관해 "설교단에 너무나 위대한 광채로, 내용과 태도와 청중에게 미치는 효과 면에서, 그는 정말이지 지존하신 분, 하나님의 말씀을 가르치는 교사의 대사를 대표한다" 라고 말했습니다.

참으로 오웬의 설교와 설교문은 우리뿐 아니라, 마치 단단한 고기를 음미하듯 반복해서 듣도록 청할 수 있었던 당시의 청중들도 높이 평가할 수밖에 없도록 만듭니다. 아마도 지구상에 오웬보다 청중에게 설교하는 데 있어서 엄선되어 부름받은 사람도 없을 것입니다.

지금 우리는 포드햄과 코게쉘에서의 초창기 사역 당시, 그에게 환호하던 운집한 군중이나 혹은 진리를 선포하기보다는 은밀하게 다락방에 모여서 속삭이며 들었던 소수의 청중을 이야기하는 것이 아닙니다. 옥스퍼드에서 그의 주변에 항상 모여 있던 수준 높은 지식인들, 국가적으로 금식하는 날이나 추수감사절, 혹은 나라의 중요한 행사에서 위대한 청교도적 강연을 듣고자 무리 지어 서 있는 투구를 쓴 전사들이나 공화당의 영웅들을 말하는 것입니다. 이 열성적인 영혼들의 다수는 신학에 있어 전혀 가식이 없는 사람들이었고 예언의 자유와 예배의 제한 없는 자유를 보장하기 위해 처음으로 검을 빼든 사람들이었습니다.

† 정치가로서의 오웬

정치인으로서의 오웬의 위대함을 언급하지 않는다면 우리는 그의 성품과 그가 행사한 선한 영향력에 대해 매우 불완전한 평가를 내리게 될 것입니다. 우리는 정치적인 면에서 그가 모든 청교도들보다 탁월했다고 주장함에 있어 전혀 주저할 까닭이 없습니다.

또한 오웬은 양심과 예배의 자유와 권리를 주장하고 옹호하는 고귀한 사명을 가진 위대한 분파의 일원으로서 긴박한 모든 상황에서 실제적인 주요 고문을 자처했습니다.

그는 분명한 지각과 위대한 추상적인 원칙에 대한 견고한 이해, 타인의 성품에 대한 재빠른 분별과 숨은 동기에 대한 간파, 자원의 풍부함, 왕성하게 행동해야 할 때와 힘을 아껴야 할 때를 아는 지식이 매우 잘 조화되어 있었습니다. 이처럼 이러한 것들은 오웬 안에 탁월하고 적절하게 결합됨으로써 정치가의 높은 직임을 감당하기에 알맞도록 해 주었습니다.

많은 사람들은 오웬이 폭풍 가운데 키를 잡도록 부름받았다고 말합니다. 이러한 직분에 필요한 오웬의 여러 자질들 중 백스터에게 부족한 것은 한 가지만이 아니었습니다. 백스터는 자신의 열정적인 기질 때문에 때때로 월권을 하면서도 정작 행동이 필요할 때는 고상한 것에 대한 애정과 희미한 분별력으로 인해 논쟁에만 머물러 있었습니다.

하웨의 일상에서의 고상함, 사람이 거의 찾지 않는 숲 속이나 아주 멀리 있는 산꼭대기에서 홀로 죽고 싶은 소망을 품게 하는 고독에 대한 그의 사랑은, 정치적 문제에 있어 그가 부적합하지는 않았지만 그런 일에 대한 의욕을 가질 수 없도록 만들었습니다.

그러나 이 측면에서 오웬이 지닌 유례없는 탁월함은 일찍이 어떤 다른 사람보다 먼저 크롬웰의 눈에 띄었습니다. 크롬웰은 더블린 대학의 문제를 놓고 오웬의 자문을 요청한 바 있었는데, 그는 적을 무찌르는 것보다 신학자들을 다루는 것이 더 어렵다는 것을 알았습니다. 그래서 그는 단지 국목(國牧)으로서만이 아니라 군사 작전의 고문으로 오웬을 스코틀랜드에 데려 갔고, 마침내는 옥스퍼드 대학교를 관리하고, 재정을 파산에서 일으키라는 힘겹고 거의 가망이 없어 보이는 문제를 오웬에게 맡기기도 했던 것입니다.

청교도와 비국교도들의 30년 넘은 오랜 고투의 시간 동안에 중요한 행동을 해야 하는 압제적인 환란의 때에 모든 사람들이 오웬을 조언자이자 정신적 지주로서 바라보았습니다.

어떤 사람들은 오웬과 당시 다른 비국교도들이 그들의 신분에 비해 너무 정치적이었다고 비난하기도 합니다. 그러나 누가 그들을 그렇게 만들었습니까? 그들이 그토록 소중히 여기는 시민권을 억지로 빼앗고 그들의 양심에 따라 하나님을 예배하는 것을 범죄로 만든 바로 그 사람들이 아니었습니까? 프랑스의 위그노[2]들도 마찬가지로 비열한 수법으로 그들의 공적인 모임이 모두 금지된 후에도 은밀한 모임을 가졌다는 비난을 받았습니다.

오웬이 자신의 위치의 필요성을 보고 순종했다는 것과 당대 모든 청교도들 중에서 그가 가장 빨리 '시대의 표적과 이스라엘 백성이 무엇을 해야 할지를 알아차렸다' 는 면에서 오웬이 받아야 할 칭송은 결코 작지 않습니다.

이것이 바로 우리가 해 왔던 이야기를 그저 회고함으로써 우리가 결론지으려는 정치가로서의 오웬에 대한 평가입니다. 그리고 오웬과 동시대를 살았던 가장 탁월한 인물들이 주저함 없이 가졌던 오웬에 대한 판단이기도 합니다. 우리가 이미 인용한 바 있는 백스터에게 보낸 그 훌륭한 편지에서, 더

2. 역자주 – 위그노(Huguenot), 16, 17세기에 박해받던 개신교도들입니다.

정확히 말해, 오웬의 부총장직에 관해 쓰고 있는 편지에서 작자는 다음과 같이 말하고 있습니다.

"그가 고수하고 있는 지배력, 연륜과 경건함, 원칙과 엄격한 규율이 처음으로 경멸과 시기심, 악의에 찼던 많은 지도층과 학생들에게 영향을 끼치고 있습니다. 그의 기질과 소양은 너무나 훌륭하여 그의 인격적인 진가와 기꺼이 남을 돌보고자 하는 처사, 그리고 이와 같은 상황에서 그와 관련된 문제를 처리하는 능수능란함은 모든 사람들을 완전히 제압할 뿐 아니라 대학은 이러한 부총장을 만족스러워하고 자랑스러워합니다.

정말이지, 그의 운명, 선택, 혹은 그가 가진 세력은 그가 어떤 상황이나 어떤 사람들 가운데 있든지 그를 최고의 자리에 있게 했습니다. 이와 같은 최고의 자리는 그가 마땅히 있어야 할 영역으로서, 그와 관련된 사람들이 그의 환심을 사고자 주로 데려가려고 하는 곳이요, 아무도 시기하거나 경쟁의식을 느끼지 않는 곳이었습니다. 따라서 그가 이처럼 최고의 자리에 있지 않는 것이야말로 오히려 놀라운 일이었을 것입니다."

† 신학자로서의 오웬

그러나 우리가 가장 많이 오웬에 대해 생각하고 그에 관해 가장 높은 평가를 내리도록 해 주는 것은 신학 저술가로서의 측면입니다. 그가 저술한 작품의 물리적인 양만으로도 우리는 놀라움에 사로잡힙니다. 그리고 이 작품들의 강렬하고 활동적인 생명력은 우리를 거의 믿지 못할 정도로 압도합니다.

라이트(Wright)가 편집하고 러셀(Russell)이 출간한 『강해』(*Exposition*)라는 책에서 2절 형식이 오웬의 지적인 구조를 더 알맞게 나타낼 것이라는 느낌에 동의하며 초반에 이 형식으로 많은 책들이 출판되었지만, 그의 작품은 무려 80여 쪽이나 되는 양으로 8절판의 책으로 엮일 분량이었습니다. 제임스 스티븐(James Stephen) 경은 이 연로한 신학자를 사랑하는 사람이라면 누구든 이해할 수 있도록 다음과 같이 말하고 있습니다.

"피라미드를 잘라 넘어뜨려 하나의 길을 만드십시오! 나이아가라 강을 나누어 계속 이어지는 특별한 강을 만드십시오! 그러나 죽은 거인들의 영혼을 그 위엄 있는 신전에서 불러내어 우리 출판 세대의 난쟁이 같은 구조에서 다시 살아나게는 하지 마십시오."

그러나 우리가 이러한 서적들의 내용에 어느 정도 정통했을 때 (그리고 오웬이 알미니안, 소시니안, 로마 가톨릭, 감독 교회와 같이 굵직한 논쟁거리들 중 거의 모든 논쟁에 관하여 작품들을 썼고, 이 작품들이 각기 다루고 있는 주제에 대한 최고의 걸작품들임을 만장일치로 동의하고 있는 것을 기억할 때), 우리는 오웬의 이름을 그 놀라운 지적 위업의 시대였던 당대에 가장 우위에 놓기에 아무 주저함이 없을 것입니다.

그가 논한 몇몇 논쟁에서 그는 보다 열등한 능력을 지닌 사람들을 상대해야 했습니다. 이들은 소위 몇몇, 풀러(Fuller)의 적수들이라 불릴 정도로 '오웬에게 아침조차 먹이지 못했던 사람들' 입니다. 그러나 성도의 인도에 관해 굿윈과 했던 논쟁처럼, 그는 당대에서 가장 우수하고 가장 학식이 깊은 몇몇 사람들과 논쟁하도록 부름을 받기도 했습니다. 그러나 그는 어떤 적수 앞에서도 기가 꺾이지 않았습니다. 이처럼 자신의 적수들을 절망에 몰아넣음으로써 논쟁을 종결지은 작품이 하나만은 아니었습니다.

다만 단 한 번, 월튼(Walton)과의 성급한 대결에서 논의할 여지도 없이 항복하고 전장에서 물러난 적이 있었습니다. 오웬의 작품에서 관찰할 수 있는 것을 굳이 반복해서 설명할 필요는 없을 것입니다. 그럼에도 불구하고 이러한 이야기는 신학 저술가로서의 오웬을 특징짓는 자질을 드러내 주기에 가장 적합한 것 같습니다.

아마도 맥킨토쉬(Mackintosh)가 벤담의 작품들을 묘사하곤 했던 '완전한 포괄성' 이라는 말보다 오웬의 가장 두드러진 특징 중의 하나를 표현하는 더 훌륭한 말은 찾을 수 없을 것입니다. 오웬은 '그 길이와 너비 면에서' 그 주제를 철저히 훑고 있습니다. 그는 특정 주제에 관해 이전에 쓰인 모든 작품들, 특히 반대자들의 작품일수록 더 많이 읽고 나서, 그 주제의 요점을 처음부터 끝까지 신중하게 다룬 후, 그 해설과 입증에 전체적으로 성경의 빛을 집중적으로 비추었습니다. 이것이 그가 늘 하던 방식이었습니다. 그는 논리적인 경로에 첨가할 수 있는 것 중 그 어떤 것도 빠뜨리는 법이 없었고, 심지어 들판 구석에 작은 이삭조차 떨어뜨리는 법이 없었습니다.

우리는 오웬 작품의 또 다른 특징을 '신학적 보수주의' 라는 어구로 감히 표현해 보려 합니다. 지적인 발흥으로 두드러진 당시, 마치 폭풍이 치는 바다처럼 거대한 바다괴물과 히드라, 무시무시한 키메라가 표면에 떠오르고, 때가 이르러 합리주의의 얄팍함에 대한 반작용이 일어나면서 자신들의 의견을 피력함에 있어 온갖 종류의 무절제한 방법이 속출했던 그때에도 오웬은 조금도 요동치 않았습니다.

이와 같이 오웬처럼 평생토록 일관되고 통일된 의견을 가진 작가도 없을 것입니다. 모든 곳에서 그의 강한 지성과 심오한 사상을 볼 수 있습니다. 그의 작품은 고상한 것처럼 과시하지 않았고 지적이고 주제넘는 추론으로 그 자체를 확장하지도 않았습니다. 단지 사도들이 가르쳤던 것만을 논하고 옹호하며 천사가 파악한 것으로 채우는 듯한 느낌을 주었습니다.

오웬의 이러한 자질은 다양한 요인들로 결합되어 있었습니다. 첫 번째로 특별히 그에게는 풍부한 대지를 가로질러 여행하도록 이끌되 결코 그 너머로 나아가지 못하도록 해 주었던 성경의 권위를 향한 그의 심오한 경외심이 있었습니다. 두 번째로 그의 내면에 신학적인 증언을 기술하게 만드는 살아 있는 능력으로서, 그 자신의 마음에 역사하는 진리의 영향력을 들 수 있습니다. 세 번째는 그가 자신의 견해에 있어서 근원까지를 추적하고, 무지하고 배우다 만 사람들은 눈부신 발견이라고 우러러보지만 진기함이라고는 이름뿐인 작품 안에서 오류를 지적하고 진리를 찾아내는 그의 광범위한 학식에 있었습니다.

오웬이 독실한 칼빈주의자였다는 것을 생각할 때, 이러한 모든 것을 이해할 수 있게 됩니다. 백스터와 오웬은 본질적으로 동일한 진리를 고수했습니다. 심지어 그들이 가장 불일치하는 듯 보였을 때조차도 그들의 관점은 본질면에서가 아닌 형태와 겉모양만 달랐을 뿐이었습니다. 그러나 이 위대한 두 사람은 분명하게 각각 더 선호하는 독특한 관점을 지니고 있었습니다.

백스터의 초기 사상은 위대한 구원 체계를 필요로 하는 인간으로부터 시작되었습니다. 이러한 생각이 그를 한발 한발 기독교의 구원에 이르도록 밖으로, 그리고 위로 이끌어 주었습니다. 반면 오웬의 초기 사상은 과거의 영원 안에서 중재자를 통해 구원의 계획을 고안하신 하나님으로부터 시작되었습니다. 그는 이 사상을 이 세상의 전 세대에 걸쳐 놀랍게 예정되고 공급된 구원 안에서 펼쳐 보였고, 그 결과를 우리가 세세토록 누리게 될 것이라고 설명했습니다.

이러한 사실은 오웬의 전체 신학에 광범위함과 숭고함을 부여해 줍니다. 그러하기에 오웬은 이미 믿는 사람들을 가르치고 세울 때 위대한 힘이 가장 두드러지게 드러나는 반면, 백스터는 죄인들의 책무를 부과하고 회개하도록 초청할 때 가장 위대해 보이는 것입니다.

그리고 이 사실은 오웬의 가장 두드러진 탁월함 중의 또 다른 하나인 '원동력과 위로의 형태로 인간 본성의 감정과 활동적인 능력 위에 영향을 미치도록 기독교 체계의 다양한 교리들, 심지어 가장 난해한 교리들조차 이끌어 오는 능력'을 생각하게 합니다. 우리는 '성도들에게 전가된 믿음을 위해 열정적으로 싸울 때' 지적 힘을 발휘하는 거대한 논쟁가로서 오웬을 볼 때도 위대함을 느낍니다. 그러나 『죄의 죽임에 관하여』(*On the Mortification of Sin*)와 같은 실제적인 작품 안에서 이단의 오류보다는 인간의 마음의 부패함과 부정직함을 진리와 관련짓는 것을 볼 때까지는 그의 위대함을 모두 본 것으로 여길 수 없을 것입니다.

그의 위대함을 다 살펴볼 때, 비로소 우리는 어떤 것을 가장 경탄해야 하는지, 하나님의 말씀에 관한 친밀한 지식이 무엇인지, 무엇이 인간의 마음을 심오하게 꿰뚫고 있는 앎인지, 혹은 다른 것 위에 활기찬 치유의 행동을 행사하도록 어떤 것을 이끌어 오는 기술인지에 대해 주저하게 될 것입니다.

성경 해설자로서, 믿음의 옹호자로서, 심오한 신학자로서, 그리고 현명하고 실제적인 교사로서 그의 모든 위대한 자질들은 고귀한 지적 피라미드인 『히브리서 강해』(*Exposition of the Epistle to the Hebrews*) 안에 단 하나의 연합된 위대함으로 단번에 모든 것을 드러내는 듯 보입니다.

그러나 우리가 명명한 탁월함 중의 어떤 것은 오웬의 주요한 결점과도 밀접하게 연관되어 있습니다. 이 결점은 내용에서보다는 방식에서 발견됩니다. 특정 주제를 완전하게 소화하려는 바람 때문에 그는 그 주제에 관해 할 수 있는 모든 것을 말했습니다.

그래서 작품을 보다 대중적이고 유용하게 만드는 요소들을 빠뜨린 채, 이따금씩 장황하고도 주견이 없는 듯한 이야기를 늘어놓았던 것입니다. 그의 문장에는 '전체적인 조망' 이 결여되어 있습니다. 아마도 그는 장황하게 주제를 다루지 않으면서도 그 주제의 핵심을 건드리는 비법을 알지 못했던 것 같습니다.

우리가 파악했듯이 복잡하고 삽입적인 문체와 함께, 이것은 오웬을 좀 더 폭넓게 수용하지 못하게 하는 주요한 장벽이 되었습니다. '베이츠의 영향력과 기품이 오웬의 거대한 사상과 결합되었다면 우리는 완전한 신학 저술가를 만날 수 있었을 것이다' 라는 본(Vaughan)의 느낌은 적절했습니다. 이처럼 이따금씩 나타나는 그의 결점을 인정하는 것도 필요하다고 봅니다.

그러나 우리는 다른 자질에 있어서는 오웬이 청교도들 중 어떤 사람과도 견줄 수 없이 탁월하다는 사실을 인정해야 합니다. 그의 요점과 에너지는 백스터를 능가하고 부드러움에서는 플라벨(Flavel)을 능가하며, 웅장함으로 볼 때는 하웨(Howe)를 능가하고, 격언과 경구 두 가지 면에서는 헨리(Henrys)를 능가하며, 아름다운 비유에서 있어서는 베이츠(Bates)를 능가합니다.

또한 당시뿐 아니라 다른 어느 시대의 신학 작가들 중에서도 그처럼 거룩한 학식의 축적된 보물을 지니고 있고, 하나님을 분명하게 밝히고 저항할 수 없을 정도로 옹호하는 정신을 지녔으며, 그처럼 심오하고 거대한 사상을 지닌 사람을 어디에서 발견할 수 있을까요? 그의 작품들은 그야말로 인내하며 수고한 이에게 분명한 결실로, 광택이 나는 순결한 광석 덩어리들을 주는 금으로 가득한 토양과도 같습니다.

죤 오웬은 하나님의 생명인 교회 안에 위대한 원칙을 나타내고 부흥시키기 위해 교회의 전 세대에 걸쳐 영향력을 끼친 사람들의 부류입니다. 신앙의 모든 문제에 있어서의 성경의 최고 권위, 그리스도의 머리 되심, 양심의 권리, 계시된 특정 진리가 개인적 믿음에서 기인하고 거룩한 삶에 확실하게 드러나는 형태로서의 신앙뿐 아니라 영적인 신앙, 세상과 구별되는 사회로서의 교회를 위해 종종 화염과 피 가운데 투쟁했던 이러한 원칙들은 오웬 안에서 발견할 수 있는 가장 고상한 본보기들 중의 하나로 청교도주의의 진수라 할 수 있을 것입니다.

청교도주의는 개신교가 논쟁거리로 삼았던 사조(思潮)라고 날카롭게 이야기되어 왔습니다. 비록 그것이 사실이라 하더라도, 이는 새로운 이름 안의 오래된 정신이었습니다. 이처럼 불붙은 천국이었던 이 정신은 세상을 향해 축복하고 세상으로부터 핍박받는다는 천상적 기원의 두 가지 표를 늘 지녀 왔습니다.

'우리의 모든 조상들이 가축과 돌멩이를 섬겼을 때, 하나님께서 차가운 알프스 산 위에 그토록 순결하고 오래된 진리를 숨겨 놓으셨네' 라고 노래하는 성도들 안에, 독일의 롤라드파(Lollards)[3] 사람들 안에, 보헤미아의 후스파(Hussites)[4] 사람들 안에, 프랑스의 위그노들 안에, 그리고 스코틀랜드의 종교개혁 당원들(Covenanters)[5] 안에 숨 쉬고 있는 정신이 바로 이것입니다. 하나님께서는 때때로 마치 친절한 천사처럼 교회가 차가운 정통 교리 안에 정체되기 시작하고 절뚝거리는 자가 치유될 수 있는 성소의 물이 혼탁해지기 시작할 때면 이러한 정신을 보내 주셨습니다.

이 정신은 지금도 생기를 잃은 듯한 정통 교리와 교회의 피상적인 복음주의가 절박하게 하늘로부터 들이마셔야 할 필요가 있는 것입니다. 청교도들

---

3. 역자주 – 14-16세기에 존 위클리프(John Wycliffe)의 교설을 신봉한 사람들입니다.
4. 역자주 – 후스주의 신봉자들입니다.
5. 역자주 – 장로주의의 지지를 서약한 사람들입니다.

의 저작들을 기도하는 마음으로 부지런히 연구하면 아마도 이러한 부분을 크게 회복할 수 있을 것입니다. 같은 진리를 같은 믿음으로 믿으십시오. 그렇게 할 때, 동일한 사람들이 배출될 것이고, 동일하게 지적이고 도덕적인 기적을 성취하게 될 것입니다.

우리 시대에 가장 긴급한 결핍을 바르게 이해하고 가장 심각한 위험을 시기적절하게 분별한다면 우리는 심지어 냉정하고 용의주도한 에라스무스(Erasmus)[6]조차 입술로 고백했던 이 기도를 하지 않을 수 없을 것입니다. "오, 영국 청교도들의 영향력 아래 생명력이 뻗어나가게 하소서!"

---

6. 역자주 - 1469-1536, 네덜란드의 인문주의자요, 신학자입니다.

부록

1. 죤 오웬의 편지
2. 죤 오웬의 묘비명
3. 죤 오웬의 저작 연보
4. 인명 색인

부록 1 죤 오웬의 편지[1]

뒤 물랭(Du Moulin) 목사님에게

"목사님,

우리의 신앙고백문에 관한 목사님의 비평을 받아 보았습니다. 목사님은 우리의 신앙고백을 명백한 모순, 터무니없음, 광신, 잘못된 교리로 혹평하고 계시더군요. 이후로 목사님께서 동일한 내용의 편지를 다른 사람들에게도 보냈다는 사실도 알게 되었습니다. 이로 인해 제가 지금 목사님에게 다시 편지를 쓰고 있는 것입니다. 목사님이 사용한 모든 실례들이 하나같이 목사님과 목사님 친구분들의 실수라는 사실을 간략히 증명할까 합니다. 언짢으시더라도 관용을 베풀어 주시기 바랍니다.

우선, 목사님께서는 제3장의 6조와 제30장의 2조 사이에 명백한 모순이 있다고 말씀하셨습니다. 첫 번째 부분에는 '선택받은 사람만이 구원을 받는다' 라고 쓰여 있고, 뒷부분에는 '성찬은 모든 사람을 위해 그리스도께서 십자가 위의 제물이 되심을 기념하는 것이다' 라고 쓰여 있습니다. 목사님께서 이 부분을 모순된 것으로 지적하시다니 참으로 의아스럽습니다. 이는 선택받은 사람만이 그리스도에 의해 효과적으로 구원받는다는 사실을 견지하는 우리 모든 신학자들은 그리스도께서 말씀하시는 바와 같이 모든 사람을 위해 죽으셨다고 여전히 인정하며, 이러한 주장 사이에 어떤 모순이 있다고는

---

1. 다음의 편지들은 『라이프』(*Life*)에 소개되지 않은 오웬의 중요한 서신들입니다.

꿈에도 생각해 본 적이 없기 때문입니다. 목사님께서도 이러한 사실을 충분히 알고 계시리라 생각합니다.

목사님의 실수는 여기에서 그치지 않습니다. 목사님께서 지적하신 제30장 2조에는 그리스도께서 모든 사람을 위해 죽으셨다는 언급은 하나도 나오지 않습니다. 다만 그리스도께서 제물 되심은 영단(英斷), 즉 단번에 드려진 바 되었다는 말- 이것은 유대인들의 제사가 빈번히 반복되어 드려진 것에 반하여 단지 한 번만 드려졌다는 사실을 암시하기 위한 사도들의 표현입니다 - 만 하고 있을 뿐입니다.

여전히 반론을 제기하시려 한다면, 제발 실수하지 않으셨으면 합니다. 이 조항 바로 옆에 '그리스도의 단번의 희생은 선택받은 모든 사람들의 죄를 위한 화목 제물이다' 라고 쓰여 있습니다. 목사님께서 베드로후서 2장 1절[2]로부터 주장하는 말씀은 이 본문에 해당하지 않습니다. 목사님이 하셨던 말을 인용하자면 '그들을 구원하신 분을 부인했다' 라는 의미라고 하셨으나, 실제 이 말은 '그들을 값으로 사신 분을 부인했다' 는 뜻으로서 전혀 다른 의미입니다.

또한 목사님께서는 저희 고백문의 제6장 6조를 인용하셨습니다. 그러나 목사님은 이 부분에서 우리가 죄의 '정죄와 타락' 사이를 전혀 구분하지 않아서, 우리가 아담의 인성의 타락과 그 결과로서 그 타락이 중간에 보급되어 우리에게 전가되었다는 사실을 받아들이고 있다고 생각하시더군요.

목사님, 우리는 그처럼 어리석고 터무니없이 생각하지 않았습니다. 목사님께서 이 문제를 다루실 때에 다른 것에 온통 마음을 빼앗겼던 것이 분명합

2. 역자주 - 그러나 또한 민간에 거짓 선지자들이 일어났었나니 …… 저희는 멸망케 할 이단을 가만히 끌어들여 자기들을 사신 주를 부인하고 임박한 멸망을 스스로 취하는 자들이라.

니다. 저는 이렇게 생각할 수밖에 없습니다. 저희의 신앙고백문에는 그와 같은 생각을 도출해 낼 만한 그 어떤 말도 없기 때문입니다. 시간을 내셔서 저의 최근 강론 중 칭의에 관한 부분을 가능한 많이 읽어 보셨으면 합니다. 그리한다면 목사님은 죄책의 본성과 죄가 전가되는 것이 무엇인지를 아시게 될 것이고 틀림없이 만족하실 것입니다.

다음의 경우로, 목사님은 제19장 3조를 '고령의 사람이 선택받을지도 모르나 아직 예수 그리스도를 아는 지식이 없다는 사실을 의미한다. 이것은 순전히 광신적인 것이며 제20장 2조와 반대된다' 라고 말씀하시면서 (이 항목에 전혀 그런 의도가 없음에도 불구하고) 이 조항을 지적하셨습니다. 영원히 선택받은 많은 사람들도 여전히 성령의 말씀으로 회심하기까지 (어떤 사람은 짧은 시간 동안, 또 어떤 사람은 보다 긴 시간 동안) 그리스도를 아는 지식 없이 살아갈 수 있습니다. 이것은 결코 광신주의가 아닙니다. 목사님의 이의는 성경 전체와 상반되고, 모든 시대와 상반되며, 사역의 수고를 내던지는 것입니다. 또한 이는 지각, 이성, 그리고 매일의 경험과 너무나도 불일치된 주장입니다.

목사님께서 누구든지 영원 전부터, 혹은 실제로 믿기 전부터 이미 선택받았다는 사실을 알미니안처럼 믿지 않으신다면, 목사님의 반대된 주장을 뒷받침하기 위해 어떤 부분에 대한 언급을 더 하셔도 좋습니다. 그러나 우리의 목적은 알미니안들의 모든 오류를 반대하는 것이기에 이 문제에 더 이상 주의를 기울일 수 없음을 고백하는 바입니다.

다음으로, 목사님께서 제11장 1조에 관해 지적하신 것은 명백히 잘못된 교리에서 비롯된 비난입니다. 여기에서 목사님은 우리에게 전가된 그리스도의 능동적인 순종이 그리스도께서 율법을 다 충족하심으로써가 아니라, 죽음 안에서 순종하심으로써 우리를 죄 없다 선언하셨다고 말하는 3조와 상반된다고 말씀하셨습니다. 목사님은 이러한 모든 잘못된 비난을 통해 목사님에게 실망할 새로운 빌미를 저에게 주셨습니다.

솔직히 저는 목사님께서 잘못 베껴진 우리의 신앙고백문을 사용하신 것이 아닌가 하는 의혹까지 듭니다. 이는 목사님께서 주장하시는 것처럼 우리는 그리스도께서 율법을 충족하심으로써가 아니라 죽음 안에서 순종하심으로써 우리를 죄 없다 선포하셨다고 말하고 있지 않기 때문입니다. 다만 우리는 그리스도께서 그의 순종과 죽으심으로 의롭다함을 받은 모든 이들의 죄가를 완전히 속량하셨다고 말했을 뿐입니다. 이는 그리스도의 능동적인 의로움과 수동적인 의로움 모두를 의미하는 것입니다.

그럼에도 목사님은 이에 대해 논증을 덧붙이면서, 그리스도의 능동적인 의로움을 우리의 칭의에 전가했다는 교리를 논박하고 있습니다. 목사님께서는 그리스도께서 율법을 완성해서가 아니라 죽음으로 벌을 받으심으로써 하나님의 공의를 만족시키는 것으로부터 우리를 자유롭게 하신 것이라고 말씀하셨습니다. 따라서 그리스도께서 율법을 충족시키신 것은 전혀 우리에게 만족이 되지 않고, 우리는 능동적인 순종으로부터 자유로워진 것이 아니라 수동적인 순종으로부터 자유로워진 것이기에 논리에 맞지 않는다고 말씀하셨습니다.

제발, 목사님, 그와 같이 잘못된 논증으로 이처럼 중요한 진리를 다루는 항목에서 우리의 판단을 바꿀 수 있을 것이라고 착각하지 마십시오. 칭의에 관해 제가 쓴 책을 기꺼이 읽고 이 주제에 관해 제가 쓴 것에 견실하게 답할 의향이 있으시다면, 제 생각을 더 많이 말씀드리겠습니다. 그때까지는 우리가 그리스도의 죽으심으로 인해 순전히 형벌이요, 그 저주의 결과로서 우리가 받아야 할 모든 고통으로부터 자유롭게 되었다는 사실을 말씀드립니다. 비록 이 모든 고통이 죄의 뿌리에서 솟아 나온 것이지만 말입니다.

목사님과 저는 인생이 고통과 고생, 죽음 자체로부터 자유롭지 않다는 것을 잘 알고 있습니다. 이러한 것들은 율법의 저주에서 비롯되지 않았다면 존재하지 않았을 것입니다. 따라서 우리는 그리스도의 순종으로 말미암아 율법을 행함으로써 의롭다함을 받기 위해 율법에 순종해야 할 의무로부터 자유로워졌습니다. 우리가 율법의 저주를 담당하기 위해 형벌을 받을 필요가 없는 것처럼 의로워지기 위해 율법에 순종할 필요도 없습니다. 이러한 내용은 다른 곳에서도 충분히 논의되었던 부분입니다.

보편적인 은혜를 지지하기 위해 소개된 이 난잡하고 새로운 방식은, 예수 그리스도 안에 있는 하나님의 은혜와 관련된 모든 개념들로부터 우리를 끌어내 버립니다. 언제라도 하나님께서 저에게 힘을 주시면 이에 대해 논증하는 일을 거절하지 않고 감당하겠지만, 그러나 지금은 하지 않겠습니다.

모든 신학자들은 아니지만 대부분의 신학자들이 이에 대해 반대하며 일어났고 이러한 의견을 가지고 있는 사람은 영국에 단지 두 사람뿐이라는 내용의 책이 출간되었습니다. 목사님이 이 사실에 대해 격렬하게 항의했다는 이야기를 듣고 저는 의아해했습니다. 프랑스에서는 어떤지는 잘 모르겠지만 네덜란드와 제네바, 스위스, 그리고 독일의 모든 개신교에서는 이러한 보편적 은혜의 교리는 타파된 것으로 알고 있기 때문입니다.

더 이상 목사님을 괴롭게 하지는 않겠습니다. 다만 잘못 베낀 신앙고백문 때문이든지, 아니면 다른 사람들의 논증 때문이든지, 우리 신앙고백문에 대해 목사님에게 너무나 많은 잘못된 개념을 가져다준 이러한 문제에 대해서 목사님을 깨우치고자 하는 저의 바람을 부디 받아 주시기를 바랍니다."

존 오웬.

하톱(Hartopp) 부인에게

"친애하는 부인에게,

하나님의 모든 행사는 선하십니다. 우리 가운데 계시는 거룩한 분께서는 어떤 악도 행치 않으십니다. 심지어 그분을 사랑하는 이들에게는 지금으로써는 전혀 즐겁지 않지만 근심스러운 일들조차 모든 것이 합력하여 선이 되도록 역사하십니다. 단지 그분이 우리 위에 계신 주님이시라는 사실이 우리 마음 가운데 완전하게 기쁨이 될 때까지 그분의 때를 기다리고 그분의 방법에 순복해야 합니다.

부인의 사랑하는 아기는 우리 모두의 기도의 열매를 영원토록 누릴 것입니다. 이는 하나님의 언약이 언제나 확실하게 이뤄지기 때문입니다. 부인의 아기는 우리에게 다시 돌아오지 않지만, 우리가 그 아이에게로 갈 것입니다. 그 아이는 단지 부인의 믿음과 인내를 단련하고 영원한 축복 안에서 하나님의 은혜에 영광을 돌리기 위해 태어나서, 바로 죄의 종국을 맞았으니 우리보다 행복한 사람입니다.

이러한 때에 부인과 부군 모두와 함께할 수 없어서 저의 고통은 더욱 크지만 이 또한 하나님의 일하심입니다. 사실 저는 어디에 있든 제 자신이 쓸모없다는 것을 알고 있습니다.

이 시련의 날에 연약해지지 말고, 부인이 믿는 것처럼 우리 모두 받을 자격이 없지만 하나님께서 주신 영적인 은총과 이 세상적인 은총에 대한 분명한 시각을 가지는 데 제가 도움이 되기를 바랍니다. 또한 이 세상의 슬픔이 부인의 마음을 사로잡아 어떤 직무도 하지 못하게 하고 성령을 근심하게 하여 부인의 삶을 상하지 않게 하십시오. 왜냐하면 이 모든 것이 죽음에 이르게 하기 때문입니다. 이것이 부인과 부군을 위해 하나님께 구하는 저의 간구입니다.

그리스도 안에 계신 하나님이 부인에게는 열 자녀보다 더 좋은 분이십니다. 그 하나님께서는 부인의 남은 자녀들을 지켜 주실 것이고 그분의 영광이 부인의 안위가 될 때, 자녀를 더해 주실 것입니다. 다만, 이러한 슬픔이 정당한 것이 아니요, 죄의 결과이며, 은혜로 치유하도록 우리가 애를 써야 한다는 사실을 명심하십시오. 힘을 내라고 말해도 괜찮을는지요? 예, 그래도 좋다는 사실을 압니다. 하나님께서 부인이 이 모든 것에 순종할 때 은혜와 은총을 주실 것이기 때문입니다.

제 마음은 부인과 함께 있으며 부인을 위해 기도할 것입니다. 친애하는 부인, 저는 부인의 가장 사랑하는 친구이지만, 역시 무가치한 목회자입니다."

죤 오웬.

폴힐(Polhill) 부인에게

"친애하는 부인에게,

부인의 편지에 표현된 괴로움이 제 마음에 깊이 더해집니다. 주권적인 하나님의 은혜와 지혜만이 지금 이 순간 제가 의지할 수 있는 모든 것이며, 하나님께서 부인에게도 이 은혜와 지혜로 인도하실 것이고 쉼과 평안을 찾게 하실 것입니다.

이번 주에 부인께 도저히 갈 수가 없어서 제 마음이 더욱 괴롭습니다. 오직 눈코 뜰 새 없이 바쁜 사역만이 저로부터 부인을 잠시 떨어뜨려 놓을 수 있을 뿐입니다. 이 폭풍 중에 제가 부인을 인도하거나 혹은 부인을 만족시킬 수 있는 것이 얼마나 미미한지 모릅니다. 그리스도께서 부인의 배를 조종하고 계십니다. 비록 주님이 주무시는 동안 배가 요동치더라도 주님께서는 그분의 때에 일어나사 바람과 파도를 꾸짖으실 것입니다. 하나님께서 저에게 주기를 기뻐하시는 힘을 따라 부인을 위해 하나님과 씨름하고 있고 더욱 씨름할 것입니다.

이런 상황에서 부인에게 상기시켜 드릴 수 있는 것이 거의 없지만, 그럼에도 몇 가지를 꼭 말씀드리고 싶습니다. 죽은 사람을 위해 너무 많이 슬퍼하지 마십시오. 그녀는 안식에 들어간 것이요, 장차 올 악으로부터 건짐을 받은 것입니다. 지나친 슬픔으로 인해 모든 인간적인 관계보다 무한히 더 중요하신 성령님을 너무 많이 근심케 하지 않도록 주의하십시오.

부인께서는 지금까지 부인 자신을 판단하고 정죄하기 위해 스스로를 살펴야 하는 이 모든 섭리하심 가운데, 하나님의 부르심에 주의를 기울였습니다. 저는 이에 대해 부인을 나무라는 것이 아닙니다. 은혜는 부인이 판단받거나 정죄받지 않을 것이라는 증거가 됩니다. 이는 곧 이러한 책망이 필요하지 않다는 뜻은 아닙니다. 우리는 필요 이상으로 진지하려고 하지 않으니까요. 그러나 하나님께서 부인에게 이 안에 있는 지혜와 보살핌을 발견하고, 어떤 것에서든 부인의 영혼을 깨우고 회복하게 하는 것이 얼마나 필요한지를 알게 하시기를 기뻐하신다면, 아마 많은 부분에서 때가 되면 이 안에서 은혜와 사랑을 보게 될 것입니다.

저는 진정으로 하나님께서 이 문제를 통해 부인을 다루시면서 부인이 자신과 자신의 죄악들, 그리고 부패함을 깨닫게 되기를 기대하시리라 믿습니다. 하나님께서는 부인의 상황을 잘못 판단하지 않으십니다. 그러나 우리는 마치 혼나고 지적받았을 때, 자신의 다른 모습은 외면하면서 오직 부모님이 자기를 미워하고 버렸다면서 울기만 하는 고집 센 아이들처럼 행동합니다.

마찬가지로 부인에게도, 하나님께서 자신에게는 관심이 없다고 생각하면서 자신은 하나님의 자녀가 아니라며 두려워하는 경향이 있습니다. 그러나 하나님께서는 이것이 다만 부인의 고집스럽고 잘못된 생각일 뿐이라고 말씀하십니다. 저는 부인께서 은혜를 소생시키고 부인 자신의 길을 복구할 것을 요청합니다. 그렇게 한다면 하나님의 사랑을 의심할 이유가 전혀 없다고 생각하게 될 것입니다.

부인, 나의 사랑하는 자매이자 자녀여! 이 섭리하심이 주는 유익을 잃지 않도록 주의하십시오. 부인께서 이 상황을 오직 쓰라린 슬픔이나, 하나님의 사랑과 그리스도 안에 있는 구원을 의심하는 데 사용한다면 그 유익을 잃게 될 것입니다. 또한 이 고통이 지나가기까지 하나님의 뜻을 따르기 위해 열심히 애쓰고 은혜를 소생케 하며, 침륜과 죄를 죽이는 일에 열심을 쏟으며, 세상에 대한 사랑에서 돌이키는 데 사용할 시간을 모두 허비하게 될 것입니다.

다음의 두 가지 결심을 통해 부인의 영혼을 각성시키도록 힘쓰십시오.

첫째, 하나님의 뜻이 모든 것과 모든 상황을 최선으로 인도하신다는 사실을 기억하십시오.

둘째, 더욱 하나님을 위해 살도록 새로운 약속으로 부인 자신을 이끄십시오. 그렇게 하면 부인에게 남은 일은 훨씬 가벼워질 것입니다. 왜냐하면 이는 그리스도의 멍에의 일부이기 때문입니다.

저는 더 이상 부인을 괴롭게 하지 않으렵니다. 다만 부인이 제 마음에 언제나 있다는 확신을 드리고 싶습니다. 이것은 아무것도 아니나, 이 사실은 제가 부인이 그리스도의 마음 안에 있다는 사실을 확신하도록 저를 도와줍니다. 이것이 전부입니다.

친애하는 부인, 저는 당신을 매우 사랑하는 종입니다."

존 오웬.

찰스 플릿우드(Charles Fleetwood)에게

"사랑하는 친구에게,

자네의 편지를 받고는, 잘 있다는 소식에 기뻤네. 매일 우리가 살아 있는 것 자체가 하나님의 크신 은혜라는 생각이 드네. 그러니 언제나 하나님을 찬양하지 않을 수 있겠는가! 아내는 한층 기운을 차려 이제는 회복되지 못할까 하는 걱정은 하지 않는다네. 하지만 나는 지난 14일 동안 탈이 여러 번 나서 아직도 고생하고 있다네. 하나님께서는 내가 이 장막을 벗어 놓아야 할 그 시점에 다가가고 있다는 것을 단단히 가르치고 계시다네.

나는 요즘 몇 가지에 생각에 너무 골몰해 있네. 그것은 교회를 위한 섬김에 대한 생각들이네. 하나님께서는 나도 그들도 필요치 않기에 나를 그들로부터 불러내고 계시다는 사실을 우리에게 알게 하실 것일세. 그리스도 안에 있는 그 은혜의 풍성함을 통해, 내가 나의 이야기를 할 준비가 되도록 기도로써 나를 도와주게나.

사실은 이렇다네. 우리가 지난번에 우기(雨期)를 보았다고 해서 내년의 우기를 볼 수 있으리라는 보장이 없고, 이후에 올 봄도 볼 수 없을지도 모른다는 것이네. 우리의 시들어 있는 가엾은 영혼을 영광의 물줄기로 바꿔 놓을 죽음이야말로 최상의 안식이네. 나는 이 광야에서 죽게 될까 봐 두려워지기 시작했네. 그럼에도 우리는 위로부터 천국이 내리우고, 하늘이 의를 쏟아 부으며, 이 땅이 열려서 구원을 얻고, 의로움이 함께 솟아나도록 지속적으로 기도해야만 하네.

살아 있는 동안 내가 자네에게 한 번이라도 갈 수 있을지 모르겠네. 자네가 이제껏 내가 하나님과 자신과 교회와 싸워 왔던 것보다 더 열렬히 영적인 부흥을 위해 수고하며 분투해 주기를 간절히 바라네. 자네의 아내와 하나님의 권속인 자네의 가족들에게 우리의 안부를 전해 주게.

나의 가장 사랑하는 친구여, 살아 있는 동안 자네는 나의 가장 사랑하는 친구일세."

7월 8일, 스타드햄에서, 죤 오웬.

찰스 플릿우드에게

"사랑하는 친구에게,

자네가 보냈던 사람은 우리와 오랫동안 함께 지냈네. 자네가 나의 휘갈겨 쓴 편지를 읽는 수고를 하지 않도록 충분히 나의 이야기를 듣고 갔다네. 그와 함께 있음으로 해서 내게 많은 새로움을 주었네. 그럼에도 더 오랫동안은 같이 지낼 수 없었다네. 나는 모든 경우와 모든 상황에서 자네와 자네의 가족 모두를 언제나 생각한다네. 그리고 기도할 때마다 쉬지 않고 자네와 자네의 가족을 위해 간구한다네.

나는 자네도 나처럼 크게 불평하고 있다는 사실을 발견했네. 나의 경우는 이렇다네. 죽어 있고, 영적인 생명력이 없으며, 믿음이 연약하고, 사랑이 식어 있으며, 거룩한 묵상이 불안정함을 자신에게서 발견한다면 충분히 불평할 이유가 되지 않겠는가?

그러나 주님 안에서 또한 감사하고 기뻐할 이유 역시 가지고 있네. 감사하고 기뻐할 이유가 얼마나 많은가? 감사와 기쁨을 생각하기 시작하면 나는 압도당하고 만다네. 그것은 위대하고 영광스러워서 말로 다 표현할 수 없을 정도라네.

지금 주님 안에서 더욱 기뻐하라는 이 위대한 직무에 자네를 초대해도 되겠는가? 내가 그리할 수 있도록 나를 위해 기도해 주게. 이는 내 죽음의 때가 가까워 옴에 따라 이것이 더욱 절박해지기 때문이네. 나의 마음은 이 세상과 씨름해 왔네. 심지어 내 마음 상태가 최상일 때조차 그러했네.

주님의 기쁨이 지금 내 마음에 힘이 되어 주지 않는다면 나는 무너지고 말 것일세. 그럼에도 지금도 나는 무너지고 있다네. 하나님께서 이 유혹과 위험의 날에 몇몇 사람들에게 우리 상황을 깊이 인식하도록 감동을 주사, 사람들을 긍휼히 여기는 마음으로 채워 주시고 그들이 사역을 잘 감당하도록 영적으로 열심을 내게 만들지 않으신다면, 상황은 나빠질 수밖에 없을 것일세.

이러한 생각은 근거 없는 두려움에서 솟는지도 모르고, 우리 중에 나를 제외하고 악한 마음이나 메마른 마음을 지닌 사람이 아무도 없는지도 모르네. 만일 그렇다면 나의 이러한 어리석음을 용납해 주게. 그러나 나는 죽기까지 이러한 생각을 내려놓을 수가 없네.

C 씨처럼 그토록 유능한 대리 목사가 있다는 것을 큰 은총으로 생각해서는 안 됨에도 불구하고, 현재 이러한 것들을 언급하지 않을 수가 없다네. 나는 다만 어서 벗어나고자 신음하고 있을 뿐이네. 중심에 가까이 갈수록 이전보다 더 열심히 그리스도의 사랑의 이끌림을 느끼고 싶지만, 나의 못된 마음은 이러한 상황에서 뒤로 물러나기만 한다네.

존 하톱 경과 그 부인, 그리고 하나님께서 자네에게 다시 돌려주실 자네의 남은 가족들에게 나의 안부를 전해 주게.

나의 사랑하는 친구여, 나는 영원한 결속 안에서 자네를 가장 사랑한다네."

존 오웬.

놀위치의 로버트 애스티(Robert Asty) 목사님에게

"친애하는 목사님,

B 씨 편에 목사님의 편지를 받았습니다. 그리고 다시 그 편에 이 회신을 부탁하려고 합니다. 저의 편지가 목사님의 손에 안전하게 닿기를 소망합니다. 이는 제가 목사님에게 큰 기쁨이 되지 못할지라도, 조언이 필요한 상황이면 언제든지 형제다운 충언으로 저의 생각을 목사님께 전할 준비가 되어 있기 때문입니다.

어떻게 목사님께서 지금과 같은 상황에서 양심 때문이든 아니면 명성 때문이든, 교회의 부르심을 포기하거나 거절할 수가 있는지는 이해가 잘 되지 않습니다. 목사님께서 이해하고 있는 가장 기독교적이고 가장 설득력 있는 근거에서 그렇게 하신 것이라면, 앞으로 모든 것을 잘못 해석하게 될 것입니다. 가능한 한 우리는 '죄를 짓지 않도록' 조심해야 할 뿐 아니라, '불신을 받지 않도록' 우리 자신을 지켜야 합니다.

양심에 관한 부분이 보다 중요합니다. 모든 것들– 그 장소로 목사님을 이끌어 간 하나님의 섭리하심, 성도들을 세우고 본이 되는 부분과 관련된 목사님의 은사와 은혜에 대한 교회의 판단, 현재 상황으로 볼 때 말씀을 전할 수 있는 이례적인 기회인 바 목사님의 부르심에 대한 회중 전체의 합의된 동의 등 –이 동시에 일어났기에, 저는 왜 목사님께서 그분이 기뻐하시는 것을 순종하지 않고 예수 그리스도의 은혜로 빚진 바 된 이 사역을 포기했는지를 이해할 수가 없습니다(목사님은 자신의 것이 아닌 예수님의 것이요, 좋든 나쁘든 간에 기쁘게 주님이 원하시는 사람이 되어야 합니다).

이 사역으로 인해 목사님께서 치러야 할 대가가 무엇인지를 가만히 헤아려 보십시오. 결코 목사님을 낙심시키지 않을 것입니다. 이는 날마다 은혜의 역사와 지혜를 배워 가는 것이, 어떤 경우에는 성가실 수도 있지만, 우리에게 근심이 되지 않을 것을 알기 때문입니다.

저는 목사님의 편지 후반부에서 언급하신 목회자와 교사 사이의 차이에 대한 부분에 대해서는 잘 모르겠습니다. 다만 저는 각기 다른 은사에 무엇이 뒤따르는지를 알 수 있을 뿐이었습니다. 그 직임은 분명 둘 다 같고, 능력도 같으며, 모든 면에서 모든 의식 진행에 행사하는 권리도 같습니다. 뉴잉글랜드의 보스톤에 있는 교회에서는 교사가 항상 가장 주요한 위치에 섭니다. 코튼(Cotton) 씨와 놀톤(Norton) 씨가 바로 그러한 사람들이지요. 은사가 차이를 만들어 내는 곳에서는 차이가 있지만, 그 외에는 전혀 차이가 없습니다.

하나님께서 이 중요한 문제를 잘 인도해 주시기를 기도합니다. 그리고 연약하고 허약한 상태에 있는 저를 위해서도 기도해 주시기를 원합니다.

저는 목사님의 사랑하는 친구이자 형제입니다."

3월 16일, 런던에서, 죤 오웬.

리챠드 백스터(Richard Baxter) 목사님에게

"친애하는 백스터 목사님,

혹독한 날씨 때문에 아직도 감기가 지속되어 목사님을 뵈러 가지 못하고 있습니다. 그러나 저는 가까운 시일 안에, 한 철 동안 그곳에서 목사님과 교제를 누리는 유익을 얻게 되리라고 여전히 소망하고 있습니다. 그때까지 목사님께서 서면으로나마 연락을 주심에 우선 감사를 전합니다.

목사님께서 의도하시는 연합과 관련하여 제가 제안했던 것에 열심일지 아닐지는 전혀 질문할 필요가 없다는 사실이 모든 상황을 볼 때 명백합니다. 이는 이 연합에 대한 갈망이 지속적으로 제 마음에 일고 있고, 이 갈망을 모든 경우에 표현하기 위해서 제가 부탁받은 이 복음 고백의 한 부분을 아주 소중히 여기고 있기 때문입니다. 그토록 거룩하고 필수적인 일을 성취하기 위해 제가 그 무엇이라도 기여할 수 있다면, 저는 기꺼이 이 일을 위해 제 자신을 내줄 것입니다. 이는 지금 가지고 있는 목사님의 소론과 관련하여 목사님이 의도하고 계신 것이 목사님의 편지에서 언급하신 두 가지 이유로 너무나 마음에 들기 때문입니다. 그리고 또한 그토록 복된 작품을 기꺼이 널리 장려하고 싶어하는 모든 사람들은 전체와 관련된 자신의 생각을 준비하기 위해 그들 곁에 사본까지 두고 싶어할 정도입니다.

이제, (제 기억이 맞다면) 목사님의 편지에 대해서 저에게 허락된 자유에 따라 몇 가지 질문을 드릴까 합니다. 만약 이 질문들이 쓸모없다거나 불필요하다면 그에 맞게 다루어 주십시오.

첫째, 이 첫 번째 시도에 너무 많은 것을 제안하고 있는 것은 아닌지요? 일반적인 주제들은 그렇지 않다고 생각하나, 그 주제들 아래로 너무나 많은 상세한 내용들이 포함되어 있는 것 같습니다. 상세한 내용을 포함시키는 것은 불가피하다고 하더라도, 그것을 다 표현하려다 보면 전체적인 의도를 너무 많이 부풀릴 수 있을 것 같습니다.

둘째, 목사님은 로마 가톨릭 신자들을 명확히 배제시켰습니다. 그들도 분명 그들 자신을 배제시키려 했을 것이고, 어떤 동의를 끌어내서라도 그렇게 할 것입니다. 그러나 소시니안들에 관해서도 동일하게 했습니까? 그들은 숫자적으로 다수이고 그들 자신을 우리 교파 안에 포함시킬 준비가 되어 있습니다. 사도신경이 4분의 1에 달하는 의회에서 자세히 설명되었기에 이 일을 할 것입니다.

셋째, 연합이 이루어진 이후, 미래의 분열과 분파를 막기에 적합한 몇몇 표현들은 지금 우리가 목표로 하고 있는 동의와 같은 것이 전혀 없던 때 일어났던 이전의 행동들을 반영하는 듯 보입니다. 따라서 모든 격분을 피하기 위해 현재로서는 생략하는 것이 어떨는지요?

넷째, 특히 오류나 이단의 경우는 시민 강압과 형벌 아래 있는 것입니다. 따라서 행정관들의 권력에 관해 특별히 주장하는 것이 이 첫 번째 시도에서 불가피하지 않을는지요? 이러한 보편적 원리들은 목사님의 제안문을 읽자마자 마음에 떠오른 생각들입니다. 이제 다시 목사님의 제안문을 읽으려 하는 데, 읽어 내려가면서 이미 몇몇 부분에서 했던 것처럼 이러한 생각들을 적어 두려고 합니다.

첫 번째 질문 밑에 있는 첫 번째 답변에 찬성합니다. 또한 첫 제안과 그 설명 역시 찬성합니다. 마찬가지로 두 번째와 세 번째도 찬성합니다. 이런 식으로 끝까지 진행할까 생각했지만, 이렇게 하는 것이 장황하고 불필요할 것이라 예견됩니다. 따라서 지금 다시 생각해 보아야 할 필요가 있는 것에 관해서만 언급할까 합니다.

첫 번째로 생각할 부분은, 아홉 번째 제안에서, 그와 같은 경우들– 설교에 어떤 말을 써야 할지, 어떤 말로 기도해야 할지, 어떤 온당한 행동거지를 가져야 할지 –은 설교나 규정된 기도 형식, 널리 알려진 온당한 행동거지에 더하여진 행동들을 의미하는 것입니까? 현재의 논쟁들은 일반적인 표현 아래 특별한 감각을 제시할 것입니다.

두 번째로 생각할 부분은, 열세 번째 문단에서, 목사님은 어떤 사람이 교회의 존재를 파괴하기에 충분하다고 여겨지는 이유나 원인이 아닌 한, 한 교회를 떠나서 다른 교회에 갈 수 없다고 생각하시는 것입니까? 이 문제에 관해 목사님의 열여덟 번째 제안에서 지금 답변을 얻었기에 더 이상의 상세한 언급은 삼가고 지나갈까 합니다.

두 번째 문제에 관한 답변에서 제가 생각하기로 목사님의 열 번째 문단에 좀 더 고려해 볼 여지가 있는 것 같습니다. 세 번째 질문에 관한 답변에서는, 실정(失政)과 교회를 비난하는 것에서 비롯된 공격을 받았을 경우, 교회의 정당함을 상호간으로 충분하게 표현하셨는지요?

이제 답변된 부분인 다섯 번째 제안에 대해서 보고 있습니다. 여기서 단순하게 강제적인 것에 대해서는 어떤 경우에는 동의하지만, 형벌의 문제에 있어서는 제가 다소 목사님의 의견과 다를까가 염려됩니다. 그러하기에 행정관의 권력에 관한 마지막 질문의 답변 이하에 관해서는 그 어떤 것도 덧붙이는 것을 삼가 하고자 합니다.

전체적으로 볼 때 저는 목사님의 제안들을 크게 고려할 가치가 있고 제가 지금까지 추구해 오고 있는 목표를 얻기에 가장 확실한 수단이 된다고 평가합니다. 하나님께서 평화와 연합을 소망하는 마음과 생각을 주지 않으신다면, 모든 표현은 진리와 정확함이라는 미명 아래 다툼으로 변할 것입니다.

그러나 사람들이 복음 안에서 누리는 것을 책임져야 할 우리 안에 이러한 원리들이 자리를 잡는다면, 모든 그리스도의 참된 제자들은 이러한 원리 및 그에 준하는 원리들에 입각하여, 그들 중 아무도 감히 그들이 목표로 삼아야 할 본분임을 부인할 수 없을 것입니다. 그러므로 사랑 안에서 실제적인 일치와 동의에 이르기까지 낮추지 않을 이유는 전혀 없을 것입니다.

목사님, 이 세상에서 그리스도의 사역을 위한 모든 연구와 노력 위에, 특별히 그리스도인 가운데 약속된 평화와 사랑을 소개하기 위한 목사님의 갈망과 연구에서 주님께서 목사님을 인도하시고 흥왕케 해 주시기를 기도합니다. 더불어 목사님께도 기도를 부탁드립니다."

목사님을 사랑하는 참된 형제이자, 무가치한 동역자인, 죤 오웬.

1668년 1월 25일.

부록 2 죤 오웬의 묘비명[3]

“옥스퍼드 지역에서 태어난 신학 박사 죤 오웬은 사역자의 아들로서 아버지보다 훨씬 더 출중했으며 이 세대의 으뜸가는 신학자들의 반열에 오를 가치가 있는 사람입니다. 가장 높은 수준으로 모든 종류의 인문학을 섭렵한 오웬은 신앙적으로 유익케 하고 하나님의 성소를 섬기기 위해 바르게 훈련하는 데 그의 모든 지식을 다 동원했습니다.

신학과 실천, 논쟁과 정밀한 언변에서 그는 누구보다 뛰어났고 모든 부분이 그에게는 한결같았습니다. 알미니안, 소시니안, 그리고 가톨릭의 오류들이 히드라의 더러운 호흡과 치명적인 독처럼 교회에 들끓었을 때, 오웬은 헤라클레스보다 더 큰 힘으로 그것들을 격퇴했고 무찔렀으며, 파멸시켰습니다. 그는 성령께서 계시하고 적용하신 구원의 은혜에 관한 전체적인 경륜을, 먼저 그것의 신적인 에너지를 느끼고, 성경 안에서 이를 들이마심으로써 자신의 가슴 안에 주입하여 깊이 연구하고 다른 사람들과 나누었습니다.

이 세상을 좇는 모든 사람들보다 뛰어났던 그는 그의 책에서 그토록 감탄스럽게 기술하고 있는 하나님과의 그 복된 교제를 끊임없이 사랑했고 깊이 경험했습니다. 천국으로 이끄는 여정에 있는 동안 그의 고양된 마음은 그 영광과 기쁨을 거의 완전히 이해했습니다. 그가 양심의 문제를 상담해 줄 때,

---

3. 번힐(Bunhill) 들판에 있는 오웬의 기념비에 새겨진 이 묘비명은 라틴어입니다. 다음은 기본즈(Gibbons) 박사가 번역한 글입니다.

그의 해답은 계시의 지혜를 담고 있었습니다.

그는 모든 면을 통해 하나님의 나라의 비밀을 가르친 학자였습니다. 대화를 통해 많은 사람들을 일으켰고, 대중적 설교를 통해 더 많은 삶들을 세웠으며, 출간된 서적을 통해 모든 사람들을 일으켰습니다. 그리고 영원불변한 영광으로 그들의 발걸음을 이끌기 위해 복음 진리의 찬란한 등불인 천상의 도시, 시온을 향해 발을 뗐습니다.

그가 자신의 내적인 감흥으로, 그리고 공격하는 친구들의 주시를 받으며 이렇게 신적인 빛을 발하는 동안, 지상에 있는 그의 장막은 깊이 감화된 영혼이 하나님의 기쁨을 갈망하며 몸을 떠나기까지 점차 쇠약해져 갔습니다. 젊은 나이에는 훌륭하고 위엄 있는 체격이었으나, 인생의 후반에는 끊임없는 병으로 쇠약해졌고, 무엇보다 심도 있고 쉴 새 없는 연구의 무게에 짓눌려, 그의 육신은 하나님을 섬기는 영혼의 왕성한 진력을 담기에 너무나 비좁기만 했던 장막이 되었습니다.

그는 사람들의 잔혹한 행위로 인해 교회로서는 무시무시한 날이지만, 그 자신에게는 하나님의 박수갈채를 받게 되는 복된 날인, 1683년 8월 24일, 67세를 일기로 세상을 떠났습니다.”

부록 3 죤 오웬의 저작 연보(年譜)
1642 - 1760

1642 『알미니안주의의 진상』(*Display of Arminianism*)

1643 『목회자의 직무와 구별된 성도들의 직무』(*The Duty of Pastors and People Distinguished*)

1645 『두 가지 교리문답에서 펼쳐진 그리스도의 교리』(*The Principles of the Doctrine of Christ, in Two Catechisms*)

1646 『변하지 않는 은혜의 비전』(*A Vision of Unchangeable Mercy*: 한 편의 설교)

1647 『에스골: 교회 공동체의 규칙』(*Eshcol: or, Rules for Church Fellowship*)

1648 『그리스도의 죽음 안에서의 죽음의 종식』(*Salus Electorum: a treatise on Redemption*)
『에식스 구원의 기념비』 (*Memorial of the Deliverance of Essex*: 두 편의 설교)

1649 『의로운 열심 - 종교적 자유에 관한 소론』(*Righteous Zeal - a Sermon; and Essay on Toleration*: 한 편의 설교)
『하늘과 땅의 진동과 옮김』(*The Shaking and Translating of Heaven and Earth*: 한 편의 설교)

『무너진 인간의 능력』(*Human Power Defeated*: 한 편의 설교)

1650 『그리스도의 죽음에 관하여, 리챠드 백스터에게 보내는 답변에서』(*Of the Death of Christ, in answer to Richard Baxter*)
『약속의 견고함』(*The Steadfastness of Promises*: 한 편의 설교)
『주님의 나뭇가지』(*The Branch of the Lord*: 두 편의 설교)

1651 『그리스도 왕국의 우세함』(*The Advantage of the Kingdom of Christ*: 한 편의 설교)

1652 『고생하는 성도의 해방』(*The Labouring Saint's Dismission*: 한 편의 설교)
『그리스도의 왕국과 행정관의 권력』(*Christ's Kingdom and the Magistrate's Power*: 한 편의 설교)

1653 『하나님의 칭의에 관하여』(*De Divina Justitia*): 1794년에 번역됨

1654 『성도의 견인에 관한 교리』(*The Doctrine of the Saints' Perseverance*)

1655 『복음의 옹호: 비들에게의 답변』(*Vindiciae Evangelicae: Reply to Biddle*)

1656 『죄의 죽임에 관하여』(*On the Mortification of Sin*)
『그로시어스의 주석에 관한 논평』(*Review of the Annotations of Grotius*)
『시온을 세우시는 하나님의 역사』(*God's Work in Founding Zion*: 한 편의 설교)
『하나님의 백성과 함께하시는 하나님의 임재』(*God's Presence with his People*: 한 편의 설교)

1657 『하나님과의 교제에 관하여』(*On Communion with God*)
『분열의 참된 본질 드러내기』(*A Discovery of the True Nature of Schism*)

1658 『분열에 관하여 커드레이에게 답변하다』(*Answer to Cawdrey about Schism*)
『유혹의 본질과 막강함에 관하여』(*Of the Nature and Power of Temptation*)

1659 『성경의 신적인 기원』(*The Divine Original of the Scriptures*)
『히브리어와 헬라어 본문의 옹호』(*Vindication of the Hebrew and Greek Texts*)
『광신도를 위한 지침』(*Exercitationes adversus Fanaticos*)
『복음을 고백하는 열방의 영광』(*The Glory of Nations professing the Gospel*: 한 편의 설교)
『종교에 관한 행정관의 권력에 관하여』(*On the Power of the Magistrate about Religion*)

1660 『어린이들을 위한 입문서』(*A Primer for Children*)

1661 『신학의 총체』(데오아오구메나 판토다파 · *ΘΕΟΛΟΓΟΥΜΕΝΑ ΠΑΝΤΟΔΑΠΑ*)
『'빛이여 있으라' 에 관한 힐난』(*Animadversions on Fiat Lux*)

1662 『예배에 관한 논설』(*A Discourse on Liturgies*)

1664 『힐난에 관한 해명』(*Vindication of the Animadversions*)

1667 『관용과 종교적 자유의 고찰』(*Indulgence and Toleration Considered*)

「평화 제안 혹은 관용 탄원」(*A Peace-offering or Plea for Indulgence*)
「하나님을 예배함에 관한 간략한 지침」(*Brief Instruction in the Worship of God*: 교리문답)

1668 「내주하는 죄에 관하여」(*On Indwelling Sin*)
「시편 130편 강해」(*Exposition of the 130th Psalm*)
「히브리서 강해, 1집」(*Exposition of the Epistle to the Hebrews, vol.1*)

1669 「삼위일체 교리의 옹호」(*Vindication of the Doctrine of the Trinity*)
「해명된 진리와 무죄」(*Truth and Innocence Vindicated*)

1671 「주일의 신적인 제정에 관하여」(*On the Divine Institution of the Lord's Day*)

1672 「복음주의적 사랑에 관하여」(*On Evangelical Love*)

1674 「성찬의 역사 옹호」(*Vindication of the Work on Communion*)
「성령에 관한 논설」(*A Discourse on the Holy Spirit*)
「히브리서 강해, 2집」(*Exposition of the Hebrews, vol.2*)
「어떻게 질책을 감당하도록 마음을 이끌 것인가」(*How we may Bring our Hearts to Bear Reproof*)

1675 「성경의 권위와 관련된 논설」(*A Discourse concerning the Authority of Scripture*)

1676 「배교의 본질에 관하여」(*On the Nature of Apostasy*)

1677 「믿음의 근거」(*The Reason of Faith*)
「칭의 교리에 관하여」(*On the Doctrine of Justification*)

1678 『하나님의 마음을 이해하는 방법과 수단』(*The Ways and Means of Understanding the Mind of God*)

1679 『그리스도의 인성』(크리스토아기아 · ΧΡΙΣΤΟΑΓΙΑ, *or The Person of Christ*)
『로마 가톨릭 교회, 전혀 안전하지 않은 안내자』(*The Church of Rome no Safe Guide*)

1680 『개신교도들 간의 연합』(*On Union among Protestants*)
『비국교도들의 해명』(*Vindication of the Nonconformists*)
『히브리서 강해, 3집』(*Exposition of the Hebrews, vol.3*)

1681 『해명의 옹호』(*Defence of the Vindication*)
『복음주의 교회들에 관한 연구』(*Inquiry into Evangelical Churches*)
『하나님의 선하심과 가혹하심에 관한 겸손한 간증』(*Humble Testimony to the Goodness and Severity of God On Spiritual-mindedness*)
『영적인 마음가짐에 관하여』(*On Spiritual-mindedness*)

1682 『성령이 도우시는 기도』(*The Work of the Holy Spirit in Prayer*); 2005. 4. 지평서원 역간.
『형상의 방』(*The Chamber of Imagery*)

1683 『개신교 신앙의 기술』(*An Account of the Protestant Religion*)

1684 『그리스도의 영광 - 강론과 묵상, 1부』(*Meditations on the Glory of Christ, part 1*); 1995. 지평서원 역간.
『히브리서 강해, 4집』(*Exposition of the Hebrews, vol.4*)

1688 『죄와 은혜의 지배에 관하여』(*Of the Dominion of Sin and Grace*)

1689 『복음 교회의 참된 본질』(*True Nature of a Gospel Church*)

1691 『그리스도의 영광 – 강론과 묵상, 2부』(*Meditations on the Glory of Christ, part 2*); 1995. 지평서원 역간.

1693 『성령의 역사에 관한 두 가지 논설』(*Two Discourses on the Work of the Spirit*)

1695 『하나님의 선택을 받은 이의 믿음에 관한 증거』(*Evidences of the Faith of God's Elect*)

1720 『17편의 설교, 2집』(*Seventeen Sermons, vol.2*)
『두 가지 질문에 관한 답변; 신적으로 제정되지 않은 예배에 어떤 식으로든 순응하지 않으려는 열두 가지 논쟁과 함께』(*An Answer to Two Questions; with Twelve Arguments against any conformity to Worship not of Divine Institution*)

1721 『설교 모음집에 있는 여러 가지 사후 설교들과 소론들』(*Several Posthumous Sermons and Tracts, in 'A Complete Collection of Sermons'*)

1756 『열세 편의 설교』(*Thirteen Sermons*)

1760 『주님의 만찬에 적당한 스물다섯 가지 논설』(*Twenty-five Discourses suitable to the Lord's Supper*)

부록 4 **인명 색인**

옮긴이 엄경희 씨는 숙명여자대학교 영어영문학과를 졸업했으며, 대학 시절 한국기독학생회(IVF)에서 활동했습니다. 현재 자유 번역가로 활동하고 있으며 내수동교회에서 섬기고 있습니다. 역서로는 『조지 휫필드의 일기』, 『로버트 맥체인』 등이 있습니다.

교회사의 영적 거성 3
죤 오웬

지은이/ 앤드류 톰슨
옮긴이/ 엄경희

펴낸곳/ 지평서원
펴낸이/ 박명규

편집고문/ 노태진 목사
기획/ 지평선교원 (원장 박 은)

본문 디자인 · 교열/ 박선, 신지은
표지 디자인/ 디자인집

펴낸날/ 2006년 1월 16일 초판

서울 강남구 역삼동 684-26 지평빌딩 135-916
☎ 538-9640,1 / Fax. 538-9642
등 록 / 1978. 3. 22. 제 1-129

값 8,000원
ISBN 89-86681-55-2 94230
ISBN 89-86681-48-X (세트)

메일 주소 gipyung@korea.com

청교도 스터디 멤버 모집

[청교도 스터디 모임]은 청교도들의 저작을 통해 그들의 신앙과 삶, 사상들을 배우고 실천하기 위한 모임입니다. 하늘영광교회에서 약 4년간 꾸준히 진행하고 있는 이 모임에서는 어거스틴에서부터 로이드 존스까지, 그들의 저작들을 읽고 서로 발제하며 박순용 목사님이 정리하고 방향제시를 하는 방식으로 진행되고 있습니다.

그동안 이 모임에서는 어거스틴, 루터, 칼빈, 존 낙스, 영국의 초기 종교개혁가들의 저작들을 다루어 왔습니다. 그 외에도 여타의 종교개혁 라인의 책들과 칼빈과 칼빈주의자들 등의 책들을 통해서 얻어 온 유익은 이루 말할 수 없었습니다. 특히 칼빈과 청교도로 연결되는 신학사상과 그 배경을 함께 살핌으로써 곧이어서 들어가게 될 청교도들의 원·저작에 대한 준비를 충실히 해 왔습니다. 마침내 이 스터디 모임은 청교도들의 원·저작들을 살필 것입니다. 이에 앞선 믿음의 선배들의 신앙과 삶을 포함한 그들의 사상과 가르침을 배우며 삶 속에서 드러낼 의욕적인 멤버들을 모집합니다.

모임 참가비는 없으며, 대상은 모든 사람들(각 교회 청·장년, 신학생, 사역자, 목사 포함)입니다. 단, 단순한 호기심에 의한 공부가 아닌, 실제로 앞선 믿음의 선배들처럼 살고자 하는 실천적인 공부에 참여할 관심자를 찾습니다.

모임은 매월 1, 2회(격주, 또는 한 달에 한 번) 월요일 7시 30분에 하늘영광교회에서 열립니다.

홈페이지 http://www. gloryofgod. or. kr

문의 및 연락처 : 서울시 성동구 행당동 346 하늘영광교회 (02) 2296-1586